Tráfico de órgãos no Brasil
500 mil reais e uma sentença anulada

Sentenças caso Pavesi

NÃO DOE ÓRGÃOS. VOCÊ PODERÀ SER ASSASSINADO.

A sentença que você vai ler nas próximas páginas, apesar de estar bem fundamentada, foi anulada pelo Desembargador Flávio Batista Leite da 1ª Câmara Criminal do Tribunal de Justiça de Minas Gerais. Os réus foram condenados em outros casos semelhantes, que foram descobertos graças ao Caso Pavesi e ao meu sacrifício pessoal.

A Máfia de Tráfico de órgãos pagou 500 mil reais para que a sentença fosse anulada e enviada novamente para a 1ª instância, após 16 anos de espera por uma solução. O caso está parado neste momento e vai prescrever em 2020. Os réus serão levados à júri popular, mas o tempo é curto e conseguirão escapar da punição graças à atitude deste desembargador.

Participaram da trama a Desembargadora Kárin Liliane de Lima Emmerich e Mendonça, que votou a favor da anulação da sentença e o Desembargador Wanderley Salgado de Paiva que se declarou impedido devido à afinidade com os membros da máfia.

O Desembargador Flávio Batista Leite ainda determinou que a sentença fosse lacrada em um envelope e excluída do processo para que ninguém possa ter acesso. Por esta razão, estou publicando a mesma na íntegra, bem como a íntegra da anulação proferida por este desembargador corrupto.

O TJMG está trabalhando para anular outras sentenças. Os réus continuam soltos e trabalhando normalmente, sem cumprir as medidas cautelares. Eles escolheram o promotor, o juiz, o júri e o tribunal e não conseguiram provar inocência.

Outros três casos encontram-se na fase de inquérito policial sem previsão de conclusão. Os crimes já estão prescritos.

No Brasil, o crime compensa.

Paulo Airton Pavesi

1ª Vara Criminal de Poços de Caldas
Autora: a Justiça Pública
Réus: Celso Roberto Frasson Scafi, Cláudio Rogério Carneiro Fernandes e Sérgio Poli Gaspar.
(CASO ZERO)

> Os sete pecados sociais: o que destrói ou corrói o ser humano? "Política sem princípios, riqueza sem trabalho, prazer sem compromisso, sabedoria sem caráter, negócios sem moral, **ciência sem humanidade** e oração sem caridade". (Mohandas karachade- Mahatma Gandhi- 1869-1948).

Vistos, etc.

O MINISTÉRIO PÚBLICO DO ESTADO DE MINAS GERAIS, através do ilustre Promotor de Justiça JOAQUIM JOSÉ MIRANDA JÚNIOR aditou a denúncia constante às fls. 12/23 em face de José Luiz Gomes da Silva, Álvaro Ianhez, José Luiz Bonfitto e Marco Alexandre Pacheco da Fonseca, nos autos de processo n. 08.148802-6, pela prática de homicídio qualificado e crime previsto na Lei de Transplantes, contra a vítima P.V.P, para nela incluir os réus CELSO ROBERTO FRASSON SCAFI, brasileiro, casado, médico, CRM 27848, filho de Celso de Castro Scafi e Odete Frasson Scafi, nascido em 10.5.1963, residente na Avenida Montevidéu, 78, Bairro Jardim Novo Mundo II, nesta, CLÁUDIO ROGÉRIO CARNEIRO FERNANDES, brasileiro, casado, médico, CRM 21440, filho de Ismar Fernandes e Yelda Carneiro Fernandes, nascido em 13.1.1960, residente na Avenida Montevidéu, 114, Bairro Jardim Novo Mundo II, nesta, e SÉRGIO POLI GASPAR, brasileiro, casado, médico, CRM 23024, filho de Nilton José Gaspar e Cleonice Poli Gaspar, nascido em 19.4.1961, residente na Rua Marcelo Bonadeiro, 52, Bairro Vivaldi Leite Ribeiro, em Poços de Caldas, pela prática do delito previsto **no § 4o do art. 14 da Lei n. 9.434/97**, como se vê às fls. 02/07 e demais requerimentos às fls. 3428/3429, vol. 14 dos autos, já que no dia **21.4.2000**, por volta das 17h30min, "sabedores que a vítima Paulo Veronesi Pavesi, então com 10 (dez) anos de idade, ainda encontrava-se com vida, removeram seus órgãos para posterior transplante, causando-lhe a morte".

I- DO RELATÓRIO

O aditamento à denúncia foi recebido pelo juízo em **8.2.13**, conforme se vê às fls. 3430/3433, que ainda deferiu a aplicação de medida cautelar contra os réus, requerida pelo MP, determinando-se, ainda, a citação dos réus.

A) FASE PRÉ-PROCESSUAL

O IPL 039/2001 foi instaurado em **13.1.01**, conforme portaria à f. 25, englobando o Procedimento Administrativo Criminal instaurado pelo MPF após as "notícias veiculadas pelos meios de comunicação acerca do óbito e posterior retirada de órgãos de PAULO VERONESI PAVESI (...)" (f.27).

O relatório da Auditoria n. 33/00 do Ministério da Saúde, de dezembro de 2000, está às fls. 31/56, sendo inspecionados os hospitais da Irmandade da Santa Casa e Hospital Pedro Sanches.

Degravação do programa "Fantástico" da Rede Globo de Televisão, exibido em 8.11.00, às fls. 57/60.

Relatório da Coordenadora Nacional de Transplantes, Rosana Nothen, ao Ministro da Saúde José Serra, com a seqüência cronológica dos fatos, às fls. 61/62.

Degravação do noticiário do "Jornal Nacional" da mesma emissora à f. 66, tratando do "Caso Pavesi".

Nota Técnica do DENASUS encaminhada ao Senhor Ministro da Saúde, explicando as cobranças indevidas ao pai da vítima juntada às fls. 74/75.

Requisição pelo MPF do exame de necropsia, do exame de arteriografia e prontuário médico da vítima PVP à f. 81, ofícios requisitórios às fls. 79 e 80, acrescentando aos outros documentos já requisitados "toda a documentação

6

referente a morte encefálica" da vítima, encaminhados ao "Coordenador da **MG-Sul transplantes**" Álvaro Ianhez e à Diretora Clínica da Santa Casa Regina Cioffi Batagini.

Requisição dos documentos à f. 82, encaminhada ao Diretor do Hospital Pedro Sanches em 15.1.01, incluindo prontuários, exame de arteriografia e tomografia da vítima, com a resposta à f. 85, informando que estariam na Santa Casa de Poços de Caldas.

Prontuário médico da vítima, referente ao atendimento no Hospital Pedro Sanches, juntado às fls. 86/118 e 133/147.

Cópia de requerimento de processo movido pelo Hospital Pedro Sanches contra empresa do pai da vítima TCA DIGITAL Ltda. juntado à f. 148.

Documentos relativos ao Hospital Pedro Sanches às fls. 149/160 e 161/163.

Formulários da CNCDO Estadual (Centro de notificação e captação de órgãos) **MG Transplantes**, com sede em Belo Horizonte, acostados às fls. 119/129.

Declaração da Secretaria Municipal de Saúde de Poços de que a vítima não foi internada pelo SUS à f. 164 e outra à f. 215, de que foi atendido pelo SUS, após ser removido para a Santa Casa para fins de transplantação de órgãos.

Cópias de documentos enviados pela organização "MG-Sul Transplantes" juntados às fls. 165/176 e 216/240v.

Documentos enviados pela Santa Casa de Poços e juntados às fls. 177/214.

Documentos relativos ao "**Laborpoços**" juntados às fls. 241/260 e 267/280.

Situação cadastral (CNPJ) do organismo "Banco de olhos e de órgãos do sul de minas" à f. 322 e as estatísticas da ONG "MG-SUL TRANSPLANTES" estão às fls. 324/330.

A **declaração de óbito da vítima PVP está à f. 323**.

Documentos enviados pela Secretaria Estadual de Saúde estão às fls. 334/407, incluindo os membros do Sistema de Auditoria do Município de Poços de Caldas às fls. 341/343, onde se vê que a Enfermeira Bernadete Balducci Scafi, mulher do réu CELSO SCAFI, participava de auditoria de serviço prestado pelo marido e possivelmente dirigida pelo irmão ex-secretário de saúde do município, JOSÉ JÚLIO BALDUCCI.

Depoimentos dos médicos auditores do Ministério da Saúde **Edward Ladislau** e **Flávio Azenha** estão às fls. 415/417 e 418/421; declarações do pai da vítima, **Paulo Airton Pavesi**, estão às fls. 422/424.

Encaminhamento de documentos feito pelo Assessor Especial do Ministério da Saúde, Benedito Nicotero, ao Procurador da República José Jairo, em 22.3.01, documentos esses por sua vez encaminhados pelo advogado da Irmandade da Santa Casa de Poços de Caldas, **Sérgio Roberto Lopes** (ex-PM, ex-vereador e ex-membro da Irmandade, um dos investigados pela morte do administrador da Santa Casa, Carlos Henrique Marcondes) constantes às fls. 425/460, incluindo prontuário médico já "maquiado" e completado.

Depoimentos das testemunhas **Sérgio Feliciano** às fls. 463/465; **Ciro Donizetti Russo** às fls. 467/468 e **João Batista Martins** às fls. 469/471.

Requerimento do MPF de busca e apreensão às fls. 481/484, deferida às fls. 485/486, cumpridos os mandados.

Declarações dos médicos e réus: **José Luiz Gomes da Silva** às fls. 535/537; **José Luiz Bonfitto**, às fls. 538/539.

Despacho da autoridade policial à f. 540, indiciando CELSO SCAFI e às fls. 576/577, indiciando CLÁUDIO ROGÉRIO e Álvaro Ianhez.

Declarações de **Arethusa Aparecida** às fls. 541/542; **Lourival da Silva** às fls. 543/544, presidente do PRORIM e primeiro transplantado de Poços de Caldas, operado por CARLOS MOSCONI; documentos relativos a entidade

"Pro-rim" às fls. 545/564, incluindo o seu Estatuto, redigido pelo advogado da Irmandade da Santa Casa, **Sérgio Roberto Lopes** (ex-PM). Declarações de **Adelaide Líria** às fls. 578/580.

Interrogatórios dos médicos e ora réus: **CELSO ROBERTO SCAFI** às fls. 569/571 e 875/877; **CLÁUDIO ROGÉRIO**, às fls. 586/590 e de **Álvaro Ianhez**, às fls. 595/601.

Depoimento de **Carmelita Sampaio** às fls. 640/641.

Ofício do Ministério da Saúde informando que Poços de Caldas não tem equipe autorizada para realizar transplantes de córneas à f. 645.

Prontuários médicos dos receptores de órgãos Ciro Donizete e Ângela Maria dos Santos, enviados em 23.4.01, às fls. 663/773 e 780/863.

Depoimentos de **Nair Chuva**, médica e mulher do réu CLÁUDIO ROGÉRIO, às fls. 867/868; médico **Claudi Ferraz**, às fls. 870/871; do médico já condenado no "Caso 1" (vítima JDC), **João Alberto Góes Brandão**, às fls. 882/884; do médico, **Odilon Trefiglio**, (o primeiro condenado do Caso Pavesi, mas com a pena prescrita) às fls. 886/889.

Ata da Assembleia do organismo "Banco de Olhos" às fls. 946/949.

Degravações da EPTV, exibido em 28.10.00, às fls. 970/973; "Fantástico", exibido em 25.3.01, fls. 974/975.

Depoimento de **Sirlene Bonin** às fls. 993/994.

Auto de exumação dos restos da vítima PVP às fls. 1009/1010, com laudo às fls. 1030/1264.

Arquivamento de Sindicância do CRMMG às fls. 1266/1275, relativamente ao médico e réu Álvaro Ianhez.

Despacho da autoridade policial à f. 1288, sendo constatado no item 2 o **tráfico de órgãos**, com pagamentos em dinheiro camuflados na forma de "doações" em cinco casos.

Prontuário médico do "doador-cadáver" LCM juntado às fls. 1307/1327.

Ofícios encaminhados pelo Deputado CARLOS MOSCONI juntados às fls. 1338/1340 e 1347.

A equipe de transplantes da Santa Casa de Poços de Caldas está indicada à f. 1361, sendo chefiada pelo réu Álvaro Ianhez, composta dentre outros pelos réus CELSO SCAFI e CLÁUDIO ROGÉRIO, condenados em 1ª instância no Caso 1, além do médico também condenado João Alberto.

Cópia do **Decreto n. 2.268/97**, que regulamentou a Lei n. 9434/97, está às fls. 1364/1374.

Ofício à f. 1386 da Coordenação do SNT para a CNCDO Estadual (MG TRANSPLANTES) dizendo da ilegalidade da distribuição de órgãos feita fora do estado de Minas Gerais, desconhecendo ainda a legislação estadual que teria "criado" a entidade "MG-SUL TRANSPLANTES".

Ofício do Ministério da Saúde às fls. 1388/1389 comunicando a Secretaria Estadual de Saúde/MG da ilegalidade da central clandestina "MG-SUL TRANSPLANTES", bem como de seu "coordenador" Álvaro Ianhez.

Reiteração de cessação imediata das atividades da central clandestina às fls. 1390/1391.

Exclusão do Hospital Pedro Sanches do SUS comunicada às fls. 1392/1393.

Ofício às fls. 1398/1400 questionando realização de transplante irregular na Santa Casa de Poços que não teve renovada a autorização por parte do MS, desde **23 de julho de 2001** (f. 1407).

Despacho da autoridade policial às fls. 1421/1422, cumprindo cota do MPF, desmembrando as investigações.

Depoimentos das testemunhas **Rosângela Marrafon, Flávia Helena, Valdemar Ramos, Maria Lourdes Ribeiro, Edson Donizetti, Verônica Lopes, Érica Cristina,** estão às fls. 1467/1481.

Declarações do médico e depois réu **Marco Alexandre** estão às fls. 1486/1487; do médico e réu **José Luiz Gomes da Silva**, às fls. 1511/1515;

10

médicos: JÉFERSON SKULKI às fls. 1488/1490; José Darcie, às fls. 1491/1492; Cristiano Rehder, às fls. 1493/1495; declarações do médico e ora réu, **SÉRGIO POLI GASPAR**, estão às fls. 1504/1505.

Reinquirições dos médicos e réus em outro processo: **José Luiz Bonfitto** às fls. 1521/1524; **Álvaro lanhez**, às fls. 1526/1528.

Depoimentos de Neiva e Rosinéia estão às fls. 1507/1510.

Os documentos que provam que o réu José Luiz não era especialista em Neurologia estão às fls. 1516,1662,1664 e 1666; formulários produzidos unilateralmente pela Santa Casa, após os fatos, estão às fls. 1517/1520.

Cópia da **Resolução CFM n. 1480/97**, que trata do protocolo de morte encefálica, está às fls. 1543/1544v.

Interpelação judicial sobre morte encefálica às fls. 1556/1653.

"Memento Roche" e guia de remédios às fls. 1671/1687.

Relatório da autoridade policial às fls. 1737/1758 e encaminhamento por parte do Procurador da República **Adailton Ramos do Nascimento**, atualmente arrolado como testemunha de defesa dos réus CELSO SCAFI e CLÁUDIO ROGÉRIO, que: denunciou os médicos José Luiz Gomes, Álvaro lanhez, José Luiz Bonfitto e Marco Alexandre; determinou abertura de inquérito contra o médico Odilon Trefiglio Neto, que transplantou as córneas da vítima PVP e contra Paulo Airton Pavesi, pai da vítima PVP, deixando de denunciar os demais indiciados.

Laudo pericial às fls. 1766/1791 do vol.7, que provam que as 7 chapas apreendidas no processo que tramitou perante a 2ª Vara Cível de Poços de Caldas são do exame de arteriografia realizado no Hospital Pedro Sanches, a única arteriografia realizada na vítima.

Declarações da viúva do administrador da Santa Casa, **Ângela Maria Arruda Marcondes**, às fls. 1815/1818.

B) FASE PROCESSUAL – tribunal do júri (a partir do vol.8)

Interrogatórios dos réus às fls. 1819/1832; defesas prévias com rol de testemunhas; decisão às fls. 1862/1866, dando por competente a Justiça Federal, com recurso do réu Álvaro Ianhez, seguido de vários outros, visando a procrastinação do feito, incluindo perícia grafotécnica; decisão TRF-1ª Região negando seguimento ao AI às fls. 2173/2181; depoimentos às fls. 1903/1906; 1977/1979; 1999/2002 (testemunha médico-auditor **Edward Ladislau Ludkiewcz Neto**); 2072/2090; 2163/2164;2193/2195; 2207/2209;2234/2246; 2281/2282;2318/2319 (2321/2326); 2359/2370;2395/2397; testemunha de Defesa, **CARLOS MOSCONI**, mesmo intimado, deixou de comparecer nas audiências às fls. 2432 e 2443, novamente deixando de comparecer a outra audiência, juntando atestado médico (f. 2458), procrastinando o andamento do feito, finalmente ouvida às fls. 2478/2479; alegações finais do MPF às fls. 2480/2499, pedindo a pronúncia dos réus; alegações finais da Defesa às fls. 2511/2574 e 2613/2621; decisão **datada de 28.3.06** determinando a remessa dos autos à Vara Federal de Pouso Alegre/MG à f. 2577; decisão às fls. 2641/2650, **datada de 16.6.08**, declinando da competência para a Justiça Estadual; parecer do Promotor de Justiça, Renato Gozzoli, às fls. 2655/2657, pelo prosseguimento do feito; decisão às fls. 2658/2662, datada de 26.11.08, suscitando o conflito negativo de competência; acórdão do STJ às fls. 2691/2702, **datado de 24.6.09**, dando por competente para julgar o feito a Justiça Estadual, sendo que o processo foi remetido em 12.11.09 e foi concluso em **22.2.10**; em alegações finais às fls. 2717/2722, o Promotor de Justiça **Renato Gozzoli** pediu a impronúncia dos réus, que mesmo assim, foram pronunciados pela decisão às fls. 2750/2762; a Promotora de Justiça **Gabriella Abreu** se deu por suspeita à f. 2833; decisão às fls. 2834/2835, datada de 6.9.11 anulando parcialmente o feito; nova decisão de pronúncia às fls. 2890/2914, datada de 17.10.11; os réus recorreram; contrarrazões do MP às fls. 3064/3096, já por parte do ilustre Coordenador do CAO-CRIM, Dr. Joaquim

12

José Miranda Júnior, datada de 13.4.12; acórdão às fls. 3129/3166, datado de 30.10.12, desprovendo os recursos; impetrados pelos réus recursos ao STJ.

C) FASE PROCESSUAL ATUAL

O réu CLÁUDIO ROGÉRIO foi citado à f. 3491, CELSO SCAFI à f. 3498 e SÉRGIO POLI à f. 3517, requerendo extração de cópias e suspensão do prazo para a apresentação da defesa preliminar (fls. 3505/3506), o que foi deferido à f. 3515, vol. 14, despacho datado de 28.2.13.

A defesa preliminar de SÉRGIO POLI está às fls. 3520/3531, alegando a inépcia da inicial, por falta de individualização de sua conduta e, se o comportamento do réu foi doloso, falta de justa causa para a ação ou suporte probatório mínimo, condições essenciais da ação penal, que não pode ser mecanicista.

Despacho à f. 3540 do vol. 15, datado de 15.3.13, para que os réus apresentem as suas defesas ou ratifiquem as já apresentadas, o que foi feito pelo réu SÉRGIO POLI à f. 3592.

Petição de *habeas corpus* às fls. 3593/3606, com as informações às fls. 3607/3611, datada de 25.03.13, com juntada de cópias de documentos de processos conexos e informações às fls. 3622/3732, incluindo a sentença referente ao chamado CASO 1, vítima J.D.C, que condenou CELSO SCAFI e CLÁUDIO ROGÉRIO, dentre outros médicos.

Os réus CELSO SCAFI e CLÁUDIO ROGÉRIO apresentaram sua defesa preliminar às fls. 3733/3742, vol. 15, além de exceção de suspeição que foi autuada em apartado e remetida ao E. TJMG, opondo exceção de coisa julgada, arguindo ausência de justa causa e falta de pressuposto processual, requerendo diligências e contestando genericamente a acusação.

Juntada de cópia de informações em HC às fls. 3607/3610 do vol.15, que trazem importantes subsídios ao julgamento do presente processo. Da mesma forma, juntada de requerimentos ministeriais às fls. 3622 e 3623, em casos conexos, indicando a existência de ORGANIZAÇÃO CRIMINOSA ainda em atuação em Poços de Caldas, objeto de inquérito policial, autos n. **0042048.81.2013**, com vista ao MP desde maio de 2013.

Juntada de informações da Polícia Federal atendendo requisição da Justiça Federal sobre dúvidas no inquérito que apura a morte do administrador da SANTA CASA, Carlos Henrique Marcondes, às fls. 3624/3625.

Documento que prova o acordo entre a IRMANDADE DA SANTA CASA e a Polícia para a não realização de NECROPSIAS nos doadores-cadáveres está à f.3616.

Documentos sobre o recibo de "doação" de receptor de órgão às fls. 3617 e 3628. O próprio "RECIBO" se encontra à f. 3630, assinado por MIGUEL BERTOZZI, suposto parente de MIRTES MARIA R. BERTOZZI, da Comissão Municipal de Nefrologia de Poços de Caldas e da SANTA CASA.

Os oito casos suspeitos envolvendo transplantes, constatados pela **auditoria n. 33/00** estão às fls. 3631/3643. A íntegra da auditoria está às fls. 31/56 do vol.1 dos autos.

A parte dispositiva da sentença proferida pela 4ª Vara da Justiça Federal absolvendo Paulo Airton Pavesi e determinando providências sobre a omissão do MPF que não denunciou os médicos (ora réus) indiciados pela CPI DO TRÁFICO DE ÓRGÃOS, bem como as irregularidades no inquérito que apurava a morte do administrador da SANTA CASA, Carlos Henrique Marcondes, está às fls. 3644/3646 do vol. 15.

Juntada de informações em HC às fls. 3647/3651, 3652/3554, 3655/3656 e 3657/3659.

Cópia da **sentença do CASO 1, vítima JDC, às fls. 3660/3732**, vol. 15, que contêm diversas informações importantes para o deslinde do presente processo.

Em decisão datada de **5.4.13**, constante às fls.3744/3749, foram afastadas as preliminares e designada a AIJ.

14

Decisão liminar nos autos de suspeição suspendeu os atos processuais (audiências designadas), bem como suspendendo o processo, conforme comunicação constante à f. 3810, datada de 16.4.13, a qual foi dada integral cumprimento.

Nova comunicação do E. TJMG à f. 3815, determinando a devolução das precatórias já expedidas, também cumpridas pelo despacho do juízo ali exarado, datado de 6.5.13 e certidão à f. 3817.

Informações prestadas em sede de *habeas corpus*, impetrado pela Defesa de SÉRGIO POLI GASPAR, constantes às fls. 3831/3832.

Acórdão às fls. 3887/3892 concedendo a ordem, referente a *habeas corpus* impetrado pela Defesa de CELSO SCAFI e CLÁUDIO ROGÉRIO, cassando a decisão liminar do juízo que determinou a suspensão da atuação dos réus perante o SUS, ao fundamento de "uma cautelaridade excessiva".

Ofício à f. 3901, vol. 16, referente a devolução da CP para a ouvidas das testemunhas Edward L. Ludkievwcz e Flávio Azenha às fls. 3902/3903.

Decisão às fls. 3905/3915 da 1ª CACRI, no bojo da Exceção de Suspeição oposta pela Defesa dos réus CELSO SCAFI e CLÁUDIO ROGÉRIO FERNANDES, **cassando a liminar que suspendera o processo**, bem como determinando a remessa dos autos para a 3ª CACRI, ambas do TJMG.

Acórdão às fls. 752/759 datado de 2.7.13 REJEITANDO a Exceção de Suspeição.

Despacho às fls. 3918/3919, datado de 20.6.13, designando novamente a AIJ, agora para 31.7.13 e 1.8.13 e impulsionando o feito.

As novas cartas precatórias expedidas (fls. 3924/3932), todas com prazo de 30 dias para cumprimento.

Decisão homologando a desistência de ouvida de testemunha e de impulsão dos autos à f. 3970.

Despacho nomeando tradutor juramentado para a carta rogatória à f. 3986.

Juntada de comunicação de juízo deprecado (5ª Vara Criminal da Capital, São Paulo), a f. 4011, datado de 19.6.13, de designação de audiência, com despacho datado de 11.7.13, para intimação das partes.

Acórdão em embargos de declaração junto ao E. TJMG às fls. 4014/4018, rejeitando-os.

Despacho concedendo vista dos autos para a Defesa do réu SÉRGIO POLI à f. 4021.

Juntada de cópias de documentos pela Defesa de SÉRGIO POLI às fls. 4022/4043, 4049/4073 e 4077/4079.

Ata de audiência de instrução e julgamento (AIJ) às fls. 4084 e 4085/4086, com homologação de dispensa de testemunhas arroladas pelo MP, em número de três e também de outras três testemunhas arroladas pela Defesa. Para se evitar que qualquer das partes pudesse fazer qualquer alegação futura, sem possibilidade que a outra, ou o juízo, fizesse qualquer contraprova, foi autorizada a gravação audiovisual da audiência, especialmente porque a Defesa tentou pressionar a testemunha Dilza Aparecida, como se vê da ata. Quanto a uma pergunta do MP constou-se protesto da Defesa, a fala ministerial e do magistrado condutor da audiência, ficando certo que as importunações cessaram quase que por completo após o início da gravação da audiência por parte das emissoras de TV. Na audiência do dia foram ouvidas as testemunhas arroladas pelo MP: Rosângela, Dilza, Angela Maria, Érica Cristina, Verônica Lopes e Edson Donizetti, nesta ordem.

Ata de audiência em continuação (AIJ) às fls. 4104/4107, oportunidade em que o juízo deferiu a dispensa da ouvida de algumas testemunhas, as demais foram ouvidas e os réus foram interrogados. Pelo juízo foi deferida a ouvida de testemunhas de alguns dos réus antes de outro, bem como do interrogatório do réu SÉRGIO, antes dos demais réus. Pela Defesa de CELSO e CLÁUDIO foi consignada e deferida pelo juízo que se constasse em ata a oposição da realização dos interrogatórios antes da devolução das precatórias e rogatória, pedido indeferido, nos termos da legislação processual em vigor, que é expressa, nos termos do art. 222 do CPP, questão inclusive já decidida pelo E. TJMG relativamente ao Caso 1 (vítima JDC). Foi indeferido pelo juízo o pedido de suspensão da audiência para que os interrogatórios fossem feitos em outra data, com as considerações ali constantes. O juízo se retratou, após ouvir novamente a fita de gravação, quanto a decisão de interromper os interrogatórios dos réus CELSO e CLÁUDIO após os mesmos declararem a intenção de ficar em silêncio e permitiu as perguntas por parte dos advogados de defesa. Também foi indeferida, após parecer ministerial, a diligência pericial, por não ser imprescindível e meramente procrastinatória, além da prova ter sido requerida de forma genérica. Também constou da Ata protesto da Defesa quanto a perguntas formuladas sobre outros casos da denominada "Máfia dos Transplantes de Órgãos", (que também foram feitas por ocasião da instrução do chamado "Caso 1", já julgado). Finalmente, foi determinado que, escoados os prazos previstos nas precatórias e carta rogatória, fosse aberta vista às partes para alegações finais e sentença. Neste dia, foram ouvidas as testemunhas da Defesa: Jeferson, Paulo César, Antônio Angelo, Alberto, Mário e Richardson, além dos interrogatórios dos réus.

Comunicação de designação de audiência por juízo deprecado à f. 4128 e 4159.

Determinação de desentranhamento dos documentos às fls. 4130/4145 do vol. 17, se referindo a acórdão em *habeas corpus* referente aos autos do "Caso 1", uma vez que a ordem ali contida já foi cumprida.

Juntada de decisão monocrática em *habeas corpus* às fls. 4160/4162.

Foi juntada precatória cumprida às fls. 4146/4156, razões do juízo excepto às fls.4164/4176, cópias de outros documentos às fls. 4177/4203 e **acórdão que rejeitou a exceção de suspeição** contra o juízo às fls.4188/4195 (antigas fls.4204/4211), sendo que o processo em quatro volumes foi apensado aos autos (apenso 30).

Requerimento do MP à f. 4197, (antiga f.4213) e despachos às fls.4198 (4214) e 4199 (4215), este último da expedição da carta rogatória, datado de 23.8.13, como se vê às fls. 4203/4204 (4219/4220).

Determinado o apensamento de cópias de processos conexos, como certificado à f. 4205, antiga f. 4221.

Petição da Defesa às fls. 4220/4221, antes numeradas 4236/4237 pela Escrivã, com manifestação do MP à f. 4244.

Documentos juntados às fls. 4222/4232; solicitação de juízo deprecado à f. 4233 e documento referente a carta rogatória à f. 4243.

A pedido do MP a revista **CartaCapital de 8.5.02** foi apensada (vol. 17 dos autos).

Assentada referente à ouvida da testemunha de defesa ADAILTON RAMOS DO NASCIMENTO juntada às fls. 4234/4235.

Certidão de decurso de prazo para as precatórias e rogatória à f. 4245, com despacho à f. 4247, datado de 24.9.13, intimando-se novamente as partes para a apresentação das alegações finais e conclusão imediata para sentença.

Juntada de cópia de relatório complementar a pedido da Defesa às fls. 4276/4284 e precatória às fls. 4286/4307 com CD para áudio.

Memoriais finais do MP, datado de 4.11.13, juntado às fls. 4310/4366 do vol.17, requerendo a condenação de todos os réus nos exatos termos do aditamento da denúncia.

Reiterado o despacho de f. 4247, conforme a certidão de publicação à f. 4369, datada de 14.11.13.

Requerimento pela ilustre Defesa de SÉRGIO POLI GASPAR de prazo de 40 dias para apresentação de memoriais, indeferido pela decisão às fls. 4378/4379, datada de 19.11.13.

Petição da ilustre Defesa dos réus CLÁUDIO ROGÉRIO CARNEIRO FERNANDES e CELSO ROBERTO FRASSON SCAFI, requerendo prazo idêntico ao utilizado pelo MP e vista comum às defesas por 40 dias, com carga

18

apenas para a Defesa de SÉRGIO POLI às fls. 4381/4382, indeferida às fls. 4383/4387, datada de 20.11.13, com cópias de documentos, com publicação em 28.11.13, como se vê da certidão à f. 4389 do vol. 17 dos autos.

Memoriais finais de SÉRGIO POLI GASPAR às fls. 4391/4465 do vol. 18, juntada aos autos em 29.11.13, requerendo: novo interrogatório do réu, nulidade do processo pelos seis fundamentos apontados nas alíneas "b" a "g" (fls. 4464/4465) e absolvição, nos termos do art. 386 do CPP ou a desclassificação do delito para o previsto no art. 14 da Lei de Transplantes.

Memoriais finais dos réus CELSO SCAFI e CLÁUDIO ROGÉRIO, com juntada de cópia de documento às fls. 4467/4491, com juntada em 6.12.13 requerendo: reabertura da instrução processual; reabertura do prazo para memoriais; reconhecimento de nulidades processuais pela ilegitimidade do MP, por ofensa ao art. 212 do CPP, do interrogatório de CLÁUDIO ROGÉRIO e ao art. 186 do CPP; extinção do feito pelo reconhecimento da coisa julgada e, no mérito, pela absolvição dos réus nos termos do art. 386 do CPP.

Todas as partes apresentaram as suas alegações finais **fora do prazo**, estando certificado à f. 4492 a intempestividade por parte dos réus, cujo novo prazo se esgotou em 22.11.13, como se vê da certidão à f. 4492.

As certidões de antecedentes criminais (CAC's) dos réus foram juntadas às fls. 4493/4495 do vol. 18.

Os autos vieram-me conclusos para sentença em 6.12.13 e os baixei em diligência, facultando às partes as cópias de CDs ou de quaisquer outras peças do processo, bem como para que ratifiquem ou não as alegações já apresentadas, como está à f. 4498.

Certidão à f. 4502 comprovando que as cópias foram entregues para as Defesas de todos os réus.

A Defesa do réu SÉRGIO POLI se manifestou às fls. 4503/4507 reiterando os memoriais antes apresentados, da mesma forma a Defesa dos demais réus à f. 4510.

Os autos se compõem, atualmente, de 18 volumes (sendo que o vol. 17 possui um apenso- revista Carta Capital) e 31 apensos (o apenso 1 tem 5 volumes; o apenso 26 tem 4 volumes; o 27 tem 2 –ação de indenização movido pelo Hospital Pedro Sanches contra Paulo Pavesi; o apenso 28 tem 2 volumes –ação de SÉRGIO POLI contra Paulo Pavesi- e o apenso 29 também tem 2 volumes, se tratando da "tutela coletiva", com auditorias na SANTA CASA). Os demais apensos tem apenas um volume, sendo o apenso 30 relativo a ação do MP contra JOSÉ JULIO BALDUCCI e GERALDO THADEU PEDREIRA DOS SANTOS e o apenso 31 ação de Paulo Pavesi contra o Hospital Pedro Sanches.

É o relatório, ainda que necessariamente extenso. DECIDO, após tudo bem visto, examinado e joeirado.

II-DOS PRESSUPOSTOS FÁTICOS/HISTÓRICOS

Antes de analisar as diversas preliminares aventadas pelas muito ilustres Defesas dos réus, que se diga, cumpriram muito bem com seus deveres, ante as dificuldades impostas pelo processo carreadas de abundantes provas documentais e outras, são necessárias algumas digressões. Será, infelizmente, necessário também que se façam diversas incursões ao disposto na sentença do CASO 1, vítima JDC, encartada às fls. 3660/3732 do vol.15 desses autos, para se evitar repetições inúteis, pois ali se abordou o CASO ZERO (Pavesi), ainda que de forma sumária (pois não se poderia examinar o CASO 1, vítima JDC, sem mencionar o caso que o antecedeu, que originou todas as investigações, que desvendou o GRUPO CRIMINOSO) e sem adentrar no mérito daquele caso naquela oportunidade. Tal zelo ficou claro e emergiu durante o julgamento pelo TJMG por ocasião do afastamento da minha suspeição, alegada injustamente pela Defesa de CELSO e CLÁUDIO, como consta do apenso 26. Justifica-se, ainda, a utilização da sentença do caso conexo, pois a mesma também **foi também citada pelo MP**, como se vê à f. 4317 do vol. 17 dos presentes autos.

Em poucos meses na Comarca, depois de quase seis anos como juiz criminal na Capital, percebi como funcionavam as engrenagens da "Máfia dos Transplantes"[1] em Poços de Caldas. O próprio juiz que me antecedeu já havia alertado que "o único pepino que tem aqui são os processos envolvendo os transplantes, tem o caso do menino que foi dopado com altas doses de DORMONID e depois teve os órgãos retirados". Procurei, então, me inteirar de como andavam tais processos. Com surpresa, verifiquei que a maioria ainda estava na fase de inquérito policial e não estavam tendo andamento regular por parte da Polícia Estadual. O CASO PAVESI, que denominei CASO ZERO por ocasião do julgamento do caso da vítima JDC, havia sido pronunciado pelo juízo antecessor, mas os autos continham nulidade, ante a desastrosa atuação do Promotor de Justiça Renato Gazzoli, como se vê nesses autos, o que me levou a tomar as providências devidas. A partir daí verifiquei que os réus possuíam enorme "proteção" em todas as esferas, até mesmo no interior do Fórum[2]. Chegou ao meu conhecimento que o pai da vítima havia sido processado diversas vezes, tanto nesta Comarca, quanto em outras, e também havia ingressado com ações procurando ressarcimento, sendo que providenciei cópias dos processos em Poços de Caldas e pedi informações aos outros juízos, inclusive para saber o estágio dos outros processos envolvendo os transplantes na cidade e se já haviam sido julgados ou não, até mesmo para se evitar litispendências.

Ficou evidenciado que a iniciativa para a doação dos órgãos da criança Pavesi **partiu do próprio pai**, Sr. Paulo Airton Pavesi, tão logo lhe foi comunicado pelo médico e réu no processo do júri, José Luiz Gomes da Silva, suposto neurologista que atendeu a vítima no Hospital Pedro Sanches, que ela

---

1   Vide sentença à f. 3645, vol. 15 dos autos, já mencionada, a primeira sentença, salvo engano, a mencionar o termo "Máfia dos transplantes" foi prolatada na 4ª Vara Federal de B.Horizonte.

2   Tais fatos foram narrados na sentença caso 1 à f. 3666 do vol. 15, p.7 da sentença.

estaria em "morte cerebral" (isso às 9h do dia 20/4/2000). José Luiz não perdeu tempo e acionou o médico, e também réu no processo do júri, Álvaro IANHEZ, sendo que a conduta correta seria primeiro confirmar a morte encefálica da vítima, o que não conseguiu. Álvaro IANHEZ, a partir daí, passou a assistir a criança, abandonando qualquer tratamento, para tão somente se preocupar com a retirada dos órgãos da vítima PVP. O pai da criança, em estado de choque, não só consentiu em doar os órgãos, acreditando que seu filho havia falecido (como forma de minimizar a sua perda, que é a maior dor que um ser humano pode suportar, influenciado ainda pela forte campanha de mídia), como ainda - ignorando todos os fatos que ainda viria a descobrir- mandou confeccionar placas de agradecimento aos médicos citados e também ao intensivista e réu José Luiz Bonfitto (os médicos que assinaram o protocolo de morte encefálica da vítima foram José Luiz Gomes da Silva – que nem era neurologista, como comprovado nestes autos - descumprindo mais uma vez a legislação de transplantes- e José Bonfitto, vide fls. 222 e 222-v, vol.1). A autorização para doação foi assinada apenas por um dos pais da vítima e depois do transplante dos órgãos e assassinato da mesma, conforme se vê à f. 170, há rasura na data, pois a autorização foi assinada DEPOIS da retirada dos órgãos.

Conforme já é de todos sabido, o vasto esquema criminoso que funcionava "no interior e nas proximidades da IRMANDADE DA SANTA CASA" de Poços de Caldas[3] só foi descoberto (e depois confirmado pelas auditorias levadas a efeito, investigações policiais subsequentes, bem como pela CPI DO TRÁFICO DE ÓRGÃOS que tramitou no Congresso Nacional) pelo pai da vítima **ao receber a conta do Hospital Pedro Sanches** e verificar que estavam sendo cobrados os procedimentos relativos ao transplante, que deveriam ficar a cargo do SUS[4].

---

3   Vide sentença caso 1 à f. 3669, vol. 15, p.10.
4   Foi cobrado o valor de R$ 11.668,62 como se vê da auditoria n. 33/00 às fls. 47/48 do vol.1.

22

A "sequência dos fatos" foi descrita em **relatório** pela médica Rosana Nothen, Coordenadora Nacional dos Transplantes, diretamente ao Ministro JOSÉ SERRA, como se vê às fls. 61/62 do vol. 1 dos autos. O pai da criança tentou contato com a ABTO, que depois de algum tempo, ofereceu um "desconto", não aceito, sendo feita uma denúncia no programa "Fantástico" da Rede Globo, o que levou as autoridades do Ministério da Saúde a saírem da inércia na qual se encontravam, determinando a realização das auditorias nos citados hospitais, culminando com o descredenciamento do Hospital Pedro Sanches pelo SUS e após longo tempo, não foi renovada pelo MS (Ministério da Saúde) a autorização para o Hospital da SANTA CASA efetuar transplantes de órgãos. O que era, inicialmente, um simples caso de "superfaturamento" às expensas do SUS, tomou contornos de escândalo, com as descobertas que se sucediam. As tentativas de acobertamento dos fatos só fizeram piorar as coisas, valendo o adágio de que "a emenda ficou pior que o soneto".

Neste **relatório** da Coordenação de Transplantes feito por Nothen, depois demitida, se falava que: a queda da criança de uma altura de 10 m (quando se sabe que foi de altura inferior a esta, enquanto brincava); na suposta 2ª arteriografia, de quatro vasos, que teria sido feita no HOSPITAL DA SANTA CASA (tão a gosto das Defesas), mas que não foi realizada, como será demonstrado nesta sentença e se verá em detalhes adiante; não se fala que o estado de saúde da criança não era tão grave como tentaram fazer crer (pois recebida no Hospital Pedro Sanches em escala **GLASGOW 10** (f.168, identificação e dados do doador), considerando que tal escala neurológica vai de 3 a 15 e quanto maior a classificação melhor o estado de saúde e classificado como **paciente ASA II** (f.92, vol.1) - sendo que a escala vai até VI, paciente em morte encefálica - falando e atendendo a comandos verbais, de acordo com depoimentos)[5]; que os órgãos não foram distribuídos pela CNCDO(central de notificação e captação de órgãos) MG TRANSPLANTES e

---

5   Vide sentença caso 1 à f. 3668 do vol. 15, p.9.

sim pela central clandestina MG-SUL TRANSPLANTES, coordenada por ÁLVARO IANHEZ e idealizada por CARLOS MOSCONI e outros, conforme o artigo publicado no **Jornal Brasileiro de Transplantes, vol. 1, n.4,** sobre tal entidade muito já foi dito na sentença do CASO 1, vítima JDC[6]; que tal entidade manipulava uma lista própria de receptores, interestadual, juntamente com outra entidade denominada PRO RIM, dirigida por Lourival Batista[7]- primeiro transplantado de Poços de Caldas operado pelo próprio MOSCONI- fraudando a LISTA ÚNICA prevista em lei. Dentre os idealizadores da ONG se encontram os réus CELSO SCAFI, CLÁUDIO ROGÉRIO, CARLOS MOSCONI e Álvaro Ianhez, sendo que IANHEZ (antes teve clínica em Piracicaba, montou a clínica NEPHROS em Poços) foi chamado por MOSCONI, que conhecia o irmão deste, Luiz Ianhez (ex-presidente da ABTO), de São Paulo e este (IANHEZ) chamou SCAFI, que de tão próximo a MOSCONI, dividia consultório e hoje trabalha no mesmo local com o filho de MOSCONI, Alcides, que tem a mesma especialidade do pai, a UROLOGIA, também trabalhando da SANTA CASA.

Com os desdobramentos do caso, com as notícias que eram veiculadas pela televisão, em rede nacional, tomando conhecimento do contido no **IPL n.039/2001** pela Polícia Federal, incluindo prontuários médicos da vítima, o pai desta ficou ciente que seu filho fora na verdade vítima de HOMICÍDIO, no interior do HOSPITAL DA IRMANDADE DA SANTA CASA de Poços de Caldas, fato também constatado e denunciado na CPI DO TRÁFICO DE ÓRGÃOS. Conforme se vê do inquérito e do presente processo, das diversas investigações e auditorias levadas a cabo, na verdade houve ilegalidade no exame clínico que teria detectado a morte encefálica ainda no Hospital Pedro Sanches: não foram feitos os dois exames clínicos (segundo exame clínico em branco, f. 222, vol.1, documento intitulado **"critério recomendado para o**

---

6   Sobre tal ONG MG-SUL TRANSPLANTES, vide a nota de rodapé n. 7 da sentença do caso 1 à f. 3683 do vol. 15, p.24 da sentença.
7   Lourival da Silva Batista atualmente encontra-se preso e recolhido na Cadeia Pública local acusado de estuprar a neta da mulher, de apenas 9 anos de idade.

diagnóstico de morte cerebral" do Banco de Olhos e de órgãos do sul de minas - MG-SUL TRANPLANTES- sem o intervalo previsto no Protocolo de morte encefálica do CFM (Resolução n. 1480/97); o protocolo deveria ter sido interrompido, tendo em vista que a criança recebeu altas doses de medicação depressora do SNC (Sistema Nervoso Central), DORMONID – MIDAZOLAM -, um benzodiazepínico; a arteriografia feita em tal hospital (Pedro Sanches) - sendo ministrados diversos medicamentos hipnóticos, como THIONEMBUTAL e EFEDRINA, para que não se mexesse como relatou o médico e réu Marco Alexandre - apresentou presença de contraste no cérebro, indicando que a vítima ESTAVA VIVA, pela não ocorrência de morte encefálica (SEM ME). Depois disso, o réu, nefrologista e intensivista Álvaro IANHEZ (que descumprindo a Lei Federal n. 9434/97, o Decreto n. 2.268/97 e a Resolução n. 1480/97, coordenando a central de captação de órgãos clandestina, sem ser servidor público, participando do atendimento do paciente) determinou a remoção da vítima para a SANTA CASA (que sequer teve ALTA do Hospital Pedro Sanches) para a RETIRADA DE SEUS ÓRGÃOS (sendo que tudo já estava preparado para tal, o anestesista SÉRGIO POLI avisado e os dois transplantistas, médicos urologistas, CELSO SCAFI e CLÁUDIO ROGÉRIO, além dos demais, membros da equipe de transplantes e outros que nem eram membros, para os implantes nos receptores, que também já aguardavam em outras salas de cirurgia da SANTA CASA, para cirurgias na sequência). Foi simulada a realização de outro exame (2° suposto exame) de ARTERIOGRAFIA ou ANGIOGRAFIA por JEFERSON SKULKI e como para a "Máfia" tudo é exagerado, disseram ainda que foi puncionada agora a veia femural, para o "padrão ouro"[8], que seria a arteriografia de quatro vasos. O

---

8   A tese basilar das Defesas da realização da arteriografia de quatro vasos na SANTA CASA – que nunca existiu e nunca foi provada, pois cheia de contradições -foi primeiramente apresentada por REGINA CIOFFI (fls. 33/39 do apenso 1, vol.I). Depois ela mesma se esqueceu e quando ouvida em juízo no processo do CASO 1, arrolada como testemunha de defesa, disse não conhecer nada de tal especialidade. "Ouro", somente se for referente a muito dinheiro envolvido.

documento denominado **"critério recomendado para o diagnóstico de morte cerebral"** - que não é o documento preconizado pelo CFM - protocolo, diz à f. 222-v, vol.1, que a arteriografia realizada no hospital Pedro Sanches teria sido realizada no dia 20/4/00 às 20h, <u>sendo que os auditores não encontraram no prontuário médico nem as chapas nem o laudo de tal exame</u> e segundo apontaram, a enfermagem anotou a hora do exame como 18he35min. e a ficha da anestesia consta como 18he30min, sendo um pouco mais confiáveis tais anotações. Aproveitaram mais tarde as chapas da arteriografia do Pedro Sanches para tentarem dizer que seriam as chapas "encontradas" do suposto exame (arteriografia de quatro vasos, supostamente feito na SANTA CASA), MAS QUE NUNCA FOI REALIZADO. Esse médico JEFERSON SKULKI[9], que afirma que fez tal exame, deveria ter sido também indiciado pela polícia e denunciado pelo MP (além de outros médicos, como a Dra. Mirtes Bertozzi, Regina Cioffi e outros), tanto que mentiu e vem mentindo ao longo dos anos, inclusive caiu em várias contradições quando ouvido pela CPI, motivo pelo qual vou determinar providências quanto ao mesmo ao final. As chapas radiográficas de tal exame (da SANTA CASA) nunca apareceram, bem como o laudo respectivo não estava nos prontuários médicos, conforme a Auditoria do MS. Quando as supostas chapas (em número de sete) apareceram um certo tempo depois, remetidas pela SANTA CASA para a 2a Vara Cível, ficou evidente que se tratava da arteriografia feita no Pedro Sanches, conforme laudo pericial que será apresentado à frente, quando da análise das provas, pois as fotografias mostram o contraste. O laudo foi feito por SKULKI quase um ano depois e este nem se envergonhou com tal fato, mas tal será analisado em detalhes à frente e posteriormente quando se analisar as teses defensivas amiúde. O laudo constante à f. 223, assinado apenas por SKULKI, **não constava no prontuário**, <u>conforme consta na auditoria 33/00 do DENASUS</u> e

---

9   Para saber as razões de tanto "empenho" desse médico, basta ver as auditorias a seguir citadas, da DELOITTE e do CAEX/MP, que comprovam que recebia recursos da SANTA CASA, sem nota fiscal , sem contrato e sem desconto do IR.

diz que o exame foi feito às 13he35min. do dia 21/4/2000, sendo que no documento à f. 222-v, já citado, se tem a anotação 21/4/00 16h. Jeferson SKULKI disse ao delegado que o exame encerrou-se em torno das 17h (teria sido realizado das 13h às 17h e o técnico de r-x **Valdemar Ramos Ferreira** disse que o exame se iniciou às 13h e durou de uma hora e meia a duas horas, nunca foi ouvido em juízo e certamente que mentiu também) e que passou o resultado verbalmente, ou seja, não havia laudo algum (que também não foi encontrado no prontuário pelos auditores). Quando SKULKI confeccionou seu "laudo", unilateralmente e com a data pós datada, certamente que não estava com as chapas, pois o exame, como dito, nunca foi feito. Na CPI, segundo as notas taquigráficas, SKULKI (muito conceituado, segundo a Defesa) disse que a arteriografia se iniciou às 14h e acabou em torno das 16h e disse que teria feito o exame para justificar o exame clínico e **que não seria tal exame a determinar se o paciente estava ou não em morte encefálica.** Disse, ainda, conforme consta no Relatório da CPI, f. 95, em anexo (apenso 23), que não fez qualquer laudo do exame e que este lhe foi solicitado (por alguém que não soube dizer quem era) 8 meses depois (f.96), justificando que era uma SEXTA-FEIRA SANTA (f.98). Segundo o relator da CPI, Pastor Pedro Ribeiro, as 13h SKULKI nem estaria na SANTA CASA (f.100 do Relatório da CPI, apenso 23)). A ficha de atendimento da vítima indica que a mesma foi admitida na SANTA CASA às 18he13min. do dia 21/4/2000, a ficha de anestesia diz que esta se iniciou às 17he30min. e a cirurgia encerrou-se às 17he40min. A **declaração de óbito** (f.193) assinada por médico que à época não pertencia aos quadros da SANTA CASA (médico José Luiz Gomes da Silva, posteriormente aos fatos passou a trabalhar também na SANTA CASA), diz que o óbito ocorreu às 19h do dia 21/4/2000. O exagero dos mafiosos é tamanho que têm a coragem de dizer que os plantões dos anestesistas eram feitos com TRÊS ANOS DE ANTECEDÊNCIA! Tudo na SANTA CASA era uma balbúrdia, exceto os plantões dos anestesistas. Mas que organização...Mas nada disso agora tem

27

importância, tudo não passou de engano, mero erro formal, segundo a Defesa e a testemunha JOSÉ ADAILTON! Portanto, conclui-se que a vítima PVP foi morta, assassinada, DENTRO da SANTA CASA e não no Hospital Pedro Sanches, como querem os réus deste processo. A criança estava viva, assim o atestou o próprio réu CELSO SCAFI ("**paciente em DDH SEM M.E**", como se vê à f.189; *rectius*: paciente em decúbito dorsal horizontal sem morte encefálica, depois deu várias versões, seria "em", "com" ME, acrescentou escritos abaixo, etc.). O anestesista aplicou anestesia geral ETRANE, inalatória (f.188, pois sabia que a vítima estava viva, tanto que a classificou como **ASA V)**[10] depois vieram as desculpas, que na época era a classificação existente, que era a classificação conhecida no Brasil, que aplicou apenas o PAVULON, etc. O réu SÉRGIO deveria mostrar outros prontuários para provar que tinha o hábito de escrever anestesia "**geral EV (PAVULON**)" como se vê à f. 187. O que viu em audiência foi mais uma tentativa de forjar provas, agora testemunhais, quando já se adulteraram documentos, acrescentaram-se outros, conforme se vê nesses autos, sendo esta uma marca registrada desta "Máfia dos Transplantes".

Mas de onde vem tanto poder, como é que os mafiosos conseguiram manipular um inquérito policial (ainda mais da polícia federal e depois conseguiram fazer com que dezenas de inquéritos ficassem paralisados, outros arquivados)? Tal poder só pode se explicar pela força política de alguns de seus membros, tanto a nível local, quanto estadual e até na esfera federal. Não vou novamente descrever e conceituar as ORGANIZAÇÕES CRIMINOSAS do tipo SICILIANO ou sobre o CRIME ORGANIZADO, pois já o fiz na sentença do CASO 1, vítima JDC[11], a qual se remete à leitura pelos interessados. Porém, cabe a observação sobre a existência de uma complexa organização criminosa em atuação nos moldes clássicos, como afirmou o RMP (como se verá à

---

10 Paciente vivo com perspectiva de óbito em 24h.
11 Sentença caso 1, fls. 3685/3687, pgs. 26, 27 e 28.

28

frente), que atuava a partir de uma divisão muito aprofundada de tarefas, dispunha de estruturas herméticas e hierarquizadas, constituída de maneira metódica e duradoura, com o claro objetivo de conseguir os ganhos mais elevados possíveis através da prática de ilícitos os mais variados e exercício de influência política. A **Lei n.12.850 de 2 de agosto de 2013** trouxe a primeira definição legal de organização criminosa no direito brasileiro:

> Art.1º Esta lei define organização criminosa (...)
> §1º Considera-se organização criminosa a associação de 4(quatro) ou mais pessoas estruturalmente ordenada e caracterizada pela divisão de tarefas, ainda que informalmente, com objetivo de obter, direta ou indiretamente, vantagem de qualquer natureza, mediante a prática de infrações penais cujas penas máximas sejam superiores a 4 (quatro) anos, ou que sejam de caráter transnacional.

Conforme se aprende dos apensos, incluindo o **Relatório da CPI do Tráfico de Órgãos (apenso 23)**, o pai da vítima acusa frontalmente o Deputado Estadual CARLOS MOSCONI de ser o chefe de tal organização. Tudo indica que ele tem razão, havendo inquérito aberto para investigar a Organização, a cargo da polícia judiciária estadual, cujos autos estão com vista ao Ministério Público desde maio de 2013. MOSCONI foi apresentado como líder do esquema criminoso, conforme a reportagem intitulada "Um Feliciano piorado na Assembleia mineira" de autoria de Leandro Fortes, publicado na revista **Carta Capital n. 744 de 17.4.13**. O crime de formação de quadrilha praticado à época dos fatos (ano 2000) já estaria prescrito, mas caso as práticas criminosas estejam perdurando nos dias de hoje, **não** (o IP n. 1906520, autos n. **0042048.81.2013**, investiga a ORGANIZAÇÃO CRIMINOSA, a pedido do MP). CARLOS MOSCONI é dono de uma empresa de produtos hospitalares, a MANTIQUEIRA DISTRIBUIDORA DE PRODUTOS

HOSPITALARES LTDA (CNPJ 02914305/0001-34, Inscr. est.154005242-111), ainda que registrada em nome de um de seus filhos, LUIZ GILBERTO RIBEIRO MOSCONI, qualificado como "vendedor". Tal empresa foi investigada há tempos pelo MPEMG, contudo, dada a esperteza de seu dono, que a instalou entre os estados de Minas Gerais e São Paulo, tal investigação pouco progrediu. LUIZ GILBERTO MOSCONI foi condenado pela Justiça Paulista (Comarca de São João da Boa Vista) pela infração do art. 1º da Lei n. 8.137 (crimes tributários), pois fraudou o fisco paulista em mais de **um milhão de reais** (processo n. 0000339.55.2010.8.26.0568) que recentemente chegou à Vara de Execuções de Poços de Caldas. Como se verá adiante, a MANTIQUEIRA é uma das grandes "fornecedoras" da SANTA CASA, e as auditorias ali constataram que não havia comprovação de que os materiais (MAT/MED) "adquiridos" eram realmente entregues. Mas a conta foi paga pelo próprio MOSCONI (chegou às raias dos 15 milhões de reais), o que, inclusive, gerou um IP arquivado pela Procuradoria de Justiça (MPE) após uma decisão minha contrária ao arquivamento, cópias em anexo.

Também o inquérito policial reaberto que investiga a morte do administrador da SANTA CASA, Carlos Henrique Marcondes, "Carlão", hoje a cargo da Corregedoria de Polícia Civil (autos n. **02.20992-1),** vem avançando, ainda não na velocidade que seria a ideal[12]. Nas novas investigações, a viúva de "Carlão" declarou à f. 382 do IP que seu marido iria "entregar documentos para esclarecer as irregularidades e ENTREGAR O SEU CARGO", (o que estava assustando muita gente da IRMANDADE). Disse, ainda: que seu marido era constantemente ameaçado, não desejando declinar nomes, mas por "pessoas que laboravam na SANTA CASA" (f. 383); que MÁRCIO viu "Carlão" passando em seu veículo "com os vidros fechados", o que não era comum, pois ele sofria de claustrofobia; que no dia de sua morte recebeu ligação de

---

12 A delegada da Corregedoria vem para a cidade, algumas vezes, apenas na 5a-feira e volta na 6a-feira, o que no meu humilde entender não é suficiente. Em crime recente em investigação nesta cidade se vê que o padrão do DEOESP é outro, com equipe completa *full time*.

SÉRGIO LOPES; que funcionários da SANTA CASA vendiam ilegalmente medicamentos controlados, sendo descobertos por "Carlão"; que MOSCONI era amigo de SÉRGIO LOPES e foi quem o levou para a SANTA CASA; que "Carlão" mandou instalar escutas no centro cirúrgico e na sala de MARIA FÁTIMA (frequentada por SÉRGIO LOPES); que na sala de REGINA CIOFFI foi instalada escuta telefônica e ambiental; que nas gravações "**CARLOS ficou sabendo que havia VENDA DE ÓRGÃOS, venda de remédios específicos em que os médicos iriam receber dos laboratórios (fls. 383/384 do IP n. 02.20992-1; que nas gravações havia conversa gravada** "entre VITOR CARDILLO e CAUBI FERREIRA os quais falavam mal de CARLOS e falaram que tinham que arrumar um negão para matá-lo" (f. 384); que metade do pagamento de CARLOS ia para o provedor MARTINHO; que CARLOS não foi ameaçado por PAVESI, inclusive lhe forneceu documentos; que não autorizou SÉRGIO LOPES a retirar o veículo do marido ou lavá-lo; que ZILDA DE CÁSSIA e MARIA FÁTIMA lhe disseram que iriam colocar fogo nas 15 fitas gravadas por CARLOS; **que a declarante ouviu as fitas cujo "conteúdo versava sobre TRÁFICO DE ÓRGÃOS, especificamente rins, fígado e olhos"** não querendo declinar os nomes dos interlocutores (fls. 384/385); que afirma que CARLOS "NÃO SE SUICIDOU" e que não tomava LEXOTAN. Tais declarações são bastante esclarecedoras não só do caso da morte de CARLOS MARCONDES, como também dos presentes autos, confirmando o TRÁFICO DE ÓRGÃOS por parte de uma ORGANIZAÇÃO CRIMINOSA na SANTA CASA, que também foi confirmada por documentos atestando o pagamento por órgãos.

REGINA CIOFFI, novamente ouvida no IP às fls. 565/566, que quase nada sabe e quando ouvida no CASO 1, em juízo, de muitas coisas não "se recordava", muito disse sobre os transplantes quando ouvida pelo MPF às fls. 33/39 **do apenso 1, vol. I.** Ali se mostrou bastante inteirada dos fatos, dando uma verdadeira aula sobre a arteriografia de quatro vasos, ainda que procurando se proteger, bem como a equipe da SANTA CASA, sabendo-se que por resolução do CFM a médica diretora clínica responde por todos os atos médicos ali praticados, no entanto, quase não foi responsabilizada, principalmente no campo criminal.

Deve ser prestada a atenção devida às declarações de "Carlão" constantes às fls. 26/32 do "Procedimento administrativo criminal" - inquérito n. 2001.38.00.013524-1, em 25.2.02[13] **(apenso 1- I).** Carlos Marcondes cita expressamente o DEP. MOSCONI (o que deve ter desagradado imensamente o deputado, que gosta das sombras). Registre-se que SÉRGIO LOPES estava presente e deve ter reportado ao chefe o que ouviu (um recado direto de Marcondes, que pode ter lhe custado a vida). Veja:

> Que o Deputado Federal CARLOS MOSCONI é médico e membro do corpo clínico da SANTA CASA, e atualmente encontra-se afastado em razão do mandato. Que o referido deputado coloca a SANTA CASA como beneficiária de verbas em quase todas as emendas que apresenta, valendo dizer que a atuação é em benefício da SANTA CASA especificamente. Que as verbas recebidas pela SANTA CASA por influência do deputado apresentam duas vertentes: a primeira destina-se à **aplicação na compra de materiais e medicamentos, e a segunda destina-se à aquisição de equipamentos médico-hospitalares.** (Destaquei).

Depois Carlos Marcondes ainda fala da central clandestina MG-SUL TRANSPLANTES, LABORPOÇOS (do ex-prefeito cassado de Alfenas, WUTEMBERG, o "Berg"), etc., negando as óbvias vinculações à SANTA CASA. A ligação de MOSCONI com laboratórios (materiais e medicamentos- MAT/MED- ou empresas fornecedoras de equipamentos ficou realçada quando assumiu a gestão da SANTA CASA diretamente e usou 15 milhões de reais para pagar supostos fornecedores e outras dívidas (antes estimadas em menos

---

13 Deve ter sido uma das últimas declarações em vida do administrador da SANTA CASA, que morreria apenas dois meses após falar com o MPF.

de 3 milhões de reais). Como já fiz constar, MOSCONI é dono da MANTIQUEIRA DISTRIBUIDORA DE PRODUTOS HOSPITALARES (ainda que o dono formal seja seu filho LUIZ GILBERTO MOSCONI, condenado por crimes fiscais), cujos maiores clientes, por óbvio, eram as SANTAS CASAS de Poços e Andradas[14] (possivelmente outras por ai). Para se aquilatar melhor a situação da SANTA CASA, bem como comprovar as afirmações acima, é preciso se examinar o "Procedimento de tutela coletiva" n. 1.22.000.001778/2005-36 (**apenso 29** em dois volumes) que contêm três auditorias, uma da DELOITTE (fls. 57/152), outra do próprio MP- CAEX- (fls. 155/383), ambas sobre o período de jan.1997 a maio de 2002 e uma terceira da ASSESSO, especificamente sobre assuntos médicos. No anexo B da auditoria (**apenso 29,** vol.1, p.83) consta uma informação que não é, certamente, uma mera coincidência: o provedor José Martinho Luz e o tesoureiro-geral Cícero Machado nomearam Carlos Marcondes PROCURADOR (registrada em cartório em **16.10.98**). Em **20.5.02** a IRMANDADE concedeu a mesma procuração, com amplos poderes a ANTONIO BENTO GONÇALVES[15] (1º tesoureiro), notório contraventor da cidade, a menos de dois meses da morte de Carlos Marcondes[16]. À f. 91 (anexo C) consta: "Não há controle preventivo estruturado com o propósito de que equipamentos, instalações e determinados medicamentos sejam utilizados em atividades não vinculadas às operações da Irmandade". Continua o comentário da auditoria: "Como exemplo, um médico que presta serviços para

---

14 A provedora da Santa Casa de Andradas é SELMA MANZOLI, o mesmo sobrenome do atual delegado regional de Poços, GUSTAVO MANZOLI, que foi mandado para aqui após a remoção da Dra. ELIETE, que determinou uma investigação sobre transplante na SANTA CASA de Poços de Caldas e logo depois foi removida. Sobre a ingerência política na Polícia Civil veja-se as cópias de reportagens ora anexadas, inclusive com fotos dos deputados MOSCONI e GERALDO THADEU.

15 Bento Gonçalves foi citado na p.40 da sentença CASO 1, nota de rodapé 23. Para quem preferir e quiser conferir f. 3699 ,vol.15 destes autos.

16 Sobre a morte de Carlão, faço anexar cópia do tabloide Jornal de Poços do dia seguinte ao crime, 25.4.02, bastante tendencioso, mas também significativo, pois alguns membros da Organização mostraram a sua cara em entrevistas, deturpando os fatos, tentanto induzir a opinião pública de que teria sido um "suicídio".

a Irmandade e, também, possua um consultório, pode se utilizar dos recursos da Irmandade para o tratamento de seus pacientes particulares". Outro: "Em muitos casos foram adquiridos equipamentos não prioritários ou ainda obsoletos. Como, por exemplo, citamos o equipamento denominado "eletroencefalograma', que encontra-se desativado" (f. 94). Outro: "Não identificamos rotina para conferência prévia da qualidade dos medicamentos e outros produtos comprados em relação ao solicitado (f.98); "Não há política de manutenção de estoques mínimos e máximos"; **"Recomendamos que seja efetuada modificação no sistema módulo de compras" (f. 99**). Abertura para fraudes, com maquiagem do balanço contábil: "O ativo imobilizado da Irmandade não vem sendo depreciado. Dessa forma, os superávits apurados no período de janeiro de 1997 à 31 de maio de 2002 estão aumentados por aproximadamente R$ 1.600 mil..." (f. 106); lançamentos contábeis indevidos (f. 108); reavaliação de ativos em desconformidade com a lei (f. 113); patrimônio social aumentado indevidamente (f. 114); não cotação de preços dos fornecedores (f. 115); possibilidade de pagamentos não autorizados (f. 118); **não há conferência dos materiais e medicamentos recebidos, sem evidência de terem sido efetivamente recebidos (f. 120);** serviços prestados por terceiros sem formalização dos respectivos contratos, citando-se a empresa Daré,Daré Assessoria Ltda., SYLAS CID ROSSI (genro de um juiz), JEFERSON ANDRÉ SAHEKI SKULKI, etc. (f. 122); SKULKI é novamente citado às fls. 138 e 139, em novas irregularidades; empréstimos recebidos de funcionários sem o respectivo contrato (MARIA FÁTIMA DA SILVA , ZILDA DE CÁSSIA MOREIRA DINIZ, ELIAMARA SANTIAGO, MARIA JOSÉ DARÉ), já citadas (f.123); prescrições médicas sem carimbo (f. 125); falta de registros contábeis com risco de perda da imunidade tributária, falta de documentação, com o comentário: "NÃO FOI POSSÍVEL IDENTIFICAR, ATRAVÉS DA DOCUMENTAÇÃO HÁBIL, QUEM EFETUOU A RETIRADA DE DINHEIRO DO CAIXA" (f. 126, 128/132); "Há documentos de despesas com serviços

34

prestados sem a EVIDÊNCIA DA EXECUÇAO DESSES SERVIÇOS" (f. 134); acréscimo de salários de determinados funcionários com índices superiores aos de mercado , citando-se, dentre outros: MARIA JOSÉ DARÉ (que tinha uma irmã, Luciana), ZILDA DE CÁSSIA, REINALDO BERTOZZI, REGINA CIOFFI, CARLOS HENRIQUE MARCONDES, MARIA FÁTIMA DA SILVA (f. 141); também SÉRGIO ROBERTO LOPES sempre recebeu salário de advogado acima do mercado (por volta de 8 salários mínimos e fazia retiradas no caixa da IRMANDADE). Muitas dessas irregularidades/ilegalidades foram constatadas também pela auditoria do MPE/CAEX a seguir examinadas.

Pagamentos irregulares pela Tesouraria da SANTA CASA (fls. 154/166, **apenso 29**, vol.1): somente no anexo I-A quase 500 mil reais em viagens; no anexo I-B, mais de 100 mil, novamente em viagens e outros 70 mil no anexo I-C; pagamentos sem documentação, anexos II-A e II-B, totalizando mais de 122 mil reais; pagamentos "sem contabilização" (caixa-2), anexo II-C, totalizando mais de 140 mil reais (tudo dinheiro da época da auditoria); também foram constatados os "empréstimos" aos funcionários já citados, bem como pelo SINDICATO DOS EMPREGADOS DE ESTABELECIMENTOS HOSPITALARES com estratosféricos "pagamentos de juros" pela SANTA CASA; pagamentos de serviços médicos sem notas fiscais e contratos, anexo VI; **compras de MAT/MED, sem documentos fiscais, sem provas de quitação e sem contabilização, anexo VII**; irregularidades nos salários do provedor MARTINHO (sócio do Hospital Pedro Sanches e maçom), do ex-diretor administrativo "Carlão" e da diretora clínica REGINA CIOFFI. Registre-se no anexo I-C os nomes de JOSÉ TASCA (médico), MARIA JOSÉ DARÉ, ZILDA DE CÁSSIA, MARIA FÁTIMA, LUCIANA DARÉ, SÉRGIO ROBERTO LOPES, citados como beneficiários de verbas da TESOURARIA. No anexo IV-A (despesas outras, sem documento) destaca-se no ano de 2001 pagamento a GERALDO THADEU PEDREIRA DOS SANTOS (ex-prefeito de Poços e atual deputado federal) com recebimento da TESOURARIA da SANTA CASA no valor (à época) de 3.412 reais, bem como pagamento ao SINDICATO já citado, JOSÉ JULIO BALDUCCI (cunhado de CELSO SCAFI, ex-secretário municipal de saúde, por duas vezes, sócio do Pedro Sanches), sem recibo e sem desconto IR, pagamentos a escritórios de advocacia, sem nota fiscal (mesmo com os caros serviços prestados por SÉRGIO LOPES, que acumulava a função, mesmo sendo integrante da IRMANDADE); anexo V-A (pagamentos à ALTERNATIVA INFORMÁTICA; anexo V-B, pagamentos a LUCIANA DARÉ, sem nota fiscal, totalizando mais de 330 mil reais; anexo VI, destacando-se como beneficiário de pagamentos sem contrato, sem nota fiscal e sem desconto no IR, JEFERSON SKULKI, com mais de 15 mil reais; **as contas do anexo VII, passaram de mais de 1 milhão de reais (compra de MAT/MED, sem documento comprobatórios)**; no vol. 2 do **apenso 29**, a partir da f. 203, anexo X-A pagamentos a ALVARO IANHEZ e sua clínica NEPFROS[17]no total de mais de 4 milhões e 300 mil reais, conta n. 10503-1,ag. 309-3, Banco do Brasil); anexo X-B (pagamentos a ALVARO IANHEZ) para serviços de acompanhamento pós-transplantes) em mais de 70 mil reais, somente nos períodos de abril de 2001 a março de 2002. Os fatos dos autos autorizam a conclusão que quase que certamente IANHEZ dividia seus lucros com quem o trouxe para esta cidade: onde há divisão de tarefas, há divisão de lucros. As auditorias citam expressamente a empresa de MOSCONI (Mantiqueira), apenas para exemplificar, às fls. 44 (DELOITTE), NF n.3.742, data 16/11/01 valor de R$ 6.000,00 e no ANEXO VII, p.2 (MP), exercício 1999, lançamento n. 663, valor de 2004 R$3.705,99, "documento sem autenticação, nem quitação".

Há ainda o relatório da ASSESSO CONSULTORIA EM SAÚDE às fls. 207/383 (vol.2), produzido em 2002, apontando: 56% dos funcionários em áreas de atenção direta e 44% em funções de apoio, números em descordo com instituições similares (f. 275); ausência de política salarial e absenteísmo (f.282); **gastos com MAT/MED (37,2% das despesas operacionais) acima**

---

17 Clínica NEPHROS citada na p.24 da sentença do CASO 1, f. 3683 do vol. 15 dos autos.

da **média de hospitais do mesmo porte, que é de 25% (f. 340);** sobre materiais (farmácia) "não foram apresentados relatórios de controle" de entrada e saída do almoxarifado (f. 362); SÉRGIO LOPES recebe oito salários mínimos por mês (f.370/371), vencimentos considerados altos para os padrões regionais (f. 373), DARÉ, 8.000 reais/mês.   As três auditorias citadas confirmaram as mazelas já apontadas pelas auditorias do MS e descobriram outras ainda mais graves: **lesões ao FISCO, possível lavagem de dinheiro**, malversação de recursos públicos, sendo que a IRMANDADE DA SANTA CASA funcionava (e ainda funciona) como uma verdadeira AÇÃO ENTRE AMIGOS, com liderança clara de CARLOS MOSCONI (já foi sócio do Pedro Sanches, como vários dos citados), cujo principal assessor[18] (oculto) é SÉRGIO LOPES. A possibilidade de CARLOS MARCONDES, o "Carlão", denunciar o esquema para o MPF ou PF pode tê-lo conduzido à morte, (exatamente no dia em que se reuniria com integrantes da MESA da IRMANDADE). Os documentos que levava e as fitas que gravava clandestinamente desapareceram com a ação decisiva de ZILDA DE CÁSSIA e MARIA FÁTIMA[19], já investigadas, (a última respondendo a processo na Justiça Federal em curso). SÉRGIO LOPES (ex-PM, ex-membro da IRMANDADE da SANTA CASA, ex-vereador, advogado) é atualmente investigado pelo DEOSP (juntamente com um empresário, um policial militar e um vereador) por assassinato de uma mulher, sendo que o *modus operandi* é muito semelhante ao possível assassinato de "Carlão", sendo pessoa temida em toda a região[20].

O assessor de JOSÉ SERRA, Benedito NICOTERO foi ouvido pelo MPF no dia 19.2.2002 (menos de dois meses da morte de CARLOS MARCONDES, ocorrida em 24.4.02) e vinculou CARLOS MOSCONI ao grupo criminoso (fls. 95/98 do **apenso 1, vol.I**):

---

18 Pau para toda obra.
19   Citadas nas auditorias DELOITTE, CAEX/MP e ASSESSO, apenso 29, já examinadas, com empréstimos fraudulentos (lavagem de dinheiro).
20 Segundo consta já havia previsão de mais um assassinato para daqui a 60 dias.

Que, o Ministro, como de praxe, certamente encaminhou ao Dr. Renilson um despacho na própria Nota Técnica determinando rigor e rapidez na eliminação de irregularidades, mesmo que isso contrariasse interesses políticos de terceiros, notadamente do Deputado Federal CARLOS MOSCONI[21]. Que, este Deputado Federal fez um discurso na Câmara contra o Ministro, criticando-o e ao Ministério. Que tal Deputado chegou a votar contra o Governo ao argumento de que o relatório do DENASUS de fls. 5/23 FERIA INTERESSES DE SEUS AMIGOS. (...) (Destaquei).

A Máfia demonstrou também que ainda está em atividade atualmente, pois "plantou" uma testemunha, JOSÉ ALEXANDRINO APOLINÁRIO, que em depoimento prestado perante o coordenador do CAOCRIM, disse ter assistido ao assassinato de "Carlão", chegou a citar o nome de MOSCONI[22] e que temia ser assassinado pelo médico nefrologista, já condenado no CASO 1, **João Alberto Goes Brandão** (ex-ten. da reserva do exército, praticante de saltos, hoje defendido pelo mesmo advogado do réu SÉRGIO POLI, Dr. Dório Grossi). Posteriormente, negou e passou falsas informações durante a reprodução simulada dos fatos (reconstituição) feita pela polícia. O interessante é que tal testemunha apareceu "indicada" por um jornalista da área policial de uma TV local, possivelmente ligada aos políticos locais e parecia conhecer muitos dos fatos ligados à morte de "Carlão", inclusive sempre passava pelo local onde ocorreu a morte e apontou um policial civil como participante do crime. Mais interessante ainda, é que depois que a Delegada encarregada do caso deu vista do IP para o advogado de JOÃO ALBERTO para cópias (ainda que os autos estivessem sob segredo de justiça), um mês depois da reprodução simulada, a testemunha VEIO A ÓBITO abruptamente na SANTA CASA, como temia, pois era paciente na hemodiálise da SANTA CASA. Conforme

---

21 MOSCONI ao que parece fica irritado quando é citado.
22 O MS adverte que citar tal nome pode fazer mal à saúde.

assinalado pelo percuciente Promotor de Justiça, Dr. Daniel Costa, em recente promoção de diligências, tal testemunha declarou expressamente:

> "tem muito receio de que os envolvidos saibam do presente depoimento, já que faz hemodiálise e pode facilmente ser morto; que na morte de Carlão houve envolvimento de médicos e policiais; que o depoente nunca narrou os presentes fatos por temer por sua vida" (f. 613, IP n. 02.20992-1).

O objetivo do "aparecimento" de tal testemunha seria atrasar e confundir o IP, para que perdesse a credibilidade ou afetasse o juiz da causa (à época, aguardando o julgamento do pedido de sua suspeição) ou mesmo a prática de algum atentado contra o juiz ou pode ter mudado seus depoimentos sob ameaça de morte, posteriormente cumprida. É bem possível que tal pessoa possa até ter participação nos fatos, mas agora está calada para sempre. Afirma-se abertamente na cidade do envolvimento na morte de "Carlão" do advogado da SANTA CASA, SÉRGIO ROBERTO LOPES, o "Serjão", (ex-PM, ex-vereador), levado à política supostamente por MOSCONI, que depois o indicou para fazer parte da IRMANDADE e posteriormente como advogado da entidade, função que ocupa até hoje. SÉRGIO LOPES conseguiu que o ex-delegado JUAREZ VINHAS (ex-PM, da mesma turma que o PM PRADO[23]) lhe entregasse o veículo de "Carlão" e mandou lavá-lo por duas vezes. Disse, nas diversas vezes em que foi ouvido na polícia, que foi autorizado primeiro pela viúva, que negou e depois pelo irmão da viúva, Dr. Roberto, que a Polícia ainda não conseguiu ouvir.

Ainda sobre a participação de MOSCONI no esquema criminoso, necessária a citação:

---

23 PRADO fazia a segurança na SANTA CASA e foi na ambulância junto com JOÃO ALBERTO GOES para "atender" Carlos Henrique Marcondes, o que os faz suspeitos. O motorista da ambulância está morto.

O denunciante também apontou o suposto envolvimento do ex-deputado Carlos MOSCONI no caso. Segundo ele, havia sido implantada em Poços de Caldas uma verdadeira quadrilha de médicos conluiados para apressar declarações de morte encefálica e destinar órgãos a venda. Apontou liames de amizade e interesse financeiro de MOSCONI, acusando-o de pertencer ao grupo e acobertar os envolvidos com sua influência política. O denunciante trouxe aos autos diversos trechos de entrevistas em que o ex-deputado MOSCONI assume a defesa dos médicos de Poços de Caldas, bem como documentos que em seu sentir evidenciam as ligações econômicas e profissionais como o Dr. Álvaro Ianhez e a MG-SUL TRANSPLANTES. (Relatório da CPI do Tráfico de Órgãos, p.79).

A seguir, o relatório da CPI (apenso 23) passa a mencionar os empréstimos fraudulentos que[24]ocorriam na SANTA CASA, envolvendo funcionários (ZILDA DE CÁSSIA DINIZ, MARIA FÁTIMA DA SILVA, ELIAMARA SANTIAGO- que foi presidente do sindicato dos profissionais da saúde-) e a UNICRED[25], possivelmente ligados à **lavagem de dinheiro**, pois os rendimentos da SANTA CASA eram muito além dos vultosos recursos que recebia do SUS e Município (Poços de Caldas auferia renda maior com os transplantes que a Capital, ainda que BH efetuasse mais transplantes de órgãos). Também descreve a já citada morte de "Carlão", apontada como "queima de arquivo" no dia em que teria uma reunião com a Mesa Diretora da IRMANDADE. Ficou constatado que "Carlão" fazia gravações dos médicos e saberia de fatos escusos envolvendo os transplantes, venda de remédio e estaria para entregar o cargo e fazer denúncias à Polícia Federal quando foi morto. Alguns desses fatos foram denunciados pela viúva de CARLOS

---

24   Citada na sentença caso 1 à f. 3699, p.40, indícios de lavagem de dinheiro.
25   Tais fatos também estão descritos no apenso "a cronologia dos fatos".

MARCONDES (como se viu) à delegada de polícia da Corregedoria que a ouviu recentemente, tendo ANGELA MARCONDES desabafado dizendo que mesmo com muito medo e TEMENDO POR SUA VIDA, agora iria até o fim. **No apenso 1, vol. II,** pode ser constatada a apreensão pela vigilância sanitária de medicamentos pelo AUTO às fls. 232/236 da apreensão de medicamentos fora do prazo de validade.

Na CPI DO TRÁFICO DE ÓRGÃOS ainda ficou consignada a ação de MOSCONI para conseguir rins para um amigo do Prefeito de Campanha, mulher de um PM, citada na sentença do CASO 1 às fls. 3677/3678 do vol. 15, pgs. 18 e 19, no qual CELSO SCAFI teria auferido a quantia de oito mil reais (dinheiro da época) para um transplante duplo. Tal fato nunca foi investigado. MOSCONI ainda teria feito um discurso na Câmara dos Deputados ameaçando o Governo da época (FHC), do seu próprio partido, PSDB, de assinar o pedido de CPI da Corrupção (compra de votos para a reeleição), como comprovou BENEDITO NICOTERO, já citado. O famoso discurso de MOSCONI (em que teria chantageado Serra) pode ser visto **à f. 92 do apenso 5**. A defesa intransigente dos médicos transplantistas ainda pode ser apreciada na matéria da imprensa local à f. 89 do mesmo **apenso 5**, demonstrando, sem dúvidas, as ligações de MOSCONI com o grupo. Depois disso, o Ministro JOSÉ SERRA, teria mudado de atitude e documentos começaram a ser inseridos e modificados no IP, o delegado Celio Jacinto (que depois foi promovido para Brasília) deixou de indiciar SCAFI e CLÁUDIO ROGÉRIO por homicídio (apenas por crime de menor gravidade), não indiciou POLI GASPAR, indicou peritos para a exumação que produziram laudos favoráveis aos médicos, supostamente aparecendo a chapa da improvável 2ª arteriografia (mais tarde ficou comprovado que era da arteriografia do Pedro Sanches). Conforme denunciou o pai da vítima, no apenso denominado "paulinho por justiça", inclusive encaminhado à *Comisión Interamericana de Derechos Humanos*, como informado pelo MP à f. 4366, não no "anexo 29" e sim no apenso 25, o mais espantoso de tudo: o Procurador da República (MPF) ADAILTON NASCIMENTO, ora testemunha de defesa, denunciou médicos do Hospital Pedro Sanches por homicídio (MARCO ALEXANDRE e BONFITTO), mesmo restando claro que a criança não faleceu naquele hospital, pois o exame clínico foi mascarado pela massiva medicação, o protocolo deveria ter sido suspenso, a arteriografia revelou circulação sanguínea no cérebro e sim na SANTA CASA de MOSCONI, onde faleceu após a retirada de seus principais órgãos), deixando de denunciar os amigos de MOSCONI, os também médicos CELSO SCAFI[26] e CLÁUDIO ROGÉRIO, além de SÉRGIO POLI GASPAR, todos diretamente envolvidos no homicídio de PVP. A Máfia teria engendrado um plano quase perfeito e um tanto maquiavélico[27]: **ao denunciar médicos do Pedro Sanches por homicídio, teria a quase certeza da futura absolvição dos mesmos por um Júri, pelo fato da vítima TER SAÍDO VIVA de tal nosocômio.** Assim, os réus CELSO SCAFI, CLÁUDIO ROGÉRIO e POLI GASPAR sairiam ilesos dos processos, pois nem mesmo seriam denunciados e nem responderiam a processo, os demais citados, teriam grande chance de serem absolvidos e os demais réus (JOSÉ LUIZ GOMES e ÁLVARO IANHEZ) poderiam receber penas pequenas ou seriam isentos de pena pela ocorrência da prescrição (IANHEZ) por completar 70 anos de idade, fato já ocorrido com o médico peruano FELIX[28] GAMARRA, "bom para UTI" e GÉRSIO ZINCONE, sócio do Pedro Sanches, (CASO 1, vítima JDC e outros inquéritos). A CPI do Tráfico de Órgãos além de indiciar todos eles, requisitou outras providências e encaminhou o relatório ao MPF, que o arquivou. Tal plano foi frustrado pelo

---

26 SCAFI também é sócio em uma empresa com seu cunhado BALDUCCI na cidade de Andradas, berço de MOSCONI, com várias dívidas fiscais.

27 Tenho que ter cautela com citações de Maquiavel, senão posso ser dado como "suspeito". Mas a verdade é como disse em outra oportunidade sobre os membros da Organização: Alguns rezam pelo credo de Maquiavel, aquele mesmo que dizia que os fins justificam os meios, ainda mais que tais fins não sejam, no final, nada nobres e simplesmente a mais pura ganância, a vontade de enriquecimento rápido...

28 Objetivo parcialmente atingido, dado o esforço de MOSCONI em não comparecer as audiências para atrasar o processo.

MPE, especialmente pela ação do Promotor de Justiça então coordenador do CAOCRIM, Joaquim José Miranda Júnior, que corrigindo a omissão do MPF, aditou a denúncia original, incluindo os três réus citados pelo crime de remoção irregular de órgãos com a agravante de ser em pessoa viva. A CPI ao mencionar os demais **oito casos suspeitos**[29] envolvendo transplantes de órgãos em Poços de Caldas asseverou à f. 113:

> "Transcrevemos abaixo o resumo do relatório sobre alguns desses casos, feito pelo Ministério Público Federal ao Ministério da Justiça. Embora esta CPI não tenha se debruçado sobres esses casos, a **similitude de alguns com o caso Pavesi, ocorrido no mesmo Hospital Santa Casa de Misericórdia de Poços de Caldas, recomenda muito rigor nessas investigações**"[30]. (Negritei).

Não foi o que aconteceu, a maioria dos casos ainda está em fase policial, outros foram arquivados. As notas taquigráficas da CPI (sobre o objeto da CPI: **"(...) instalação da Comissão Parlamentar de Inquérito com a finalidade de investigar a atuação de organizações criminosas atuantes no tráfico de órgãos humanos (...)"**[31] e os apensos a esses autos demonstram ainda as tentativas da bancada de médicos de atrapalhar o andamento da CPI, principalmente por parte do Deputado GERALDO THADEU, ex-prefeito de Poços à época dos fatos e que chegou a responder a processos movidos pelo MPE (um deles no apenso 30, também réu BALDUCCI). Além disso, no relatório da CPI se veem as manobras de JOSÉ JULIO BALDUCCI, duas vezes secretário municipal de saúde de Poços (irmão de Bernadete Balducci, enfermeira, mulher do réu CELSO SCAFI e

---

29   Citados na sentença do CASO 1, pgs. 15/18, fls. 3674/3677 do vol. 15 dos autos, comprovando a ação de uma ORGANIZAÇÃO CRIMINOSA na SANTA CASA.

30 Também recebi algumas críticas, evidentemente por parte dos réus, por relacionar os casos, cujo *modus operandi* são claros.

31 Vide nota de rodapé 1, p.7 da sentença do CASO 1.

responsável pelas auditorias do município[32]). Também BALDUCCI discursou- na esteira de MOSCONI- enquanto ocupava o cargo de VEREADOR pelo PSDB, em defesa dos médicos transplantistas, como se vê à f. 93 do **apenso 5.** Também ficou comprovado que os antigos *déficits* da SANTA CASA, depois do fim dos transplantes, antes anunciados na casa dos 3 milhões de reais, no final chegaram a quase 15 milhões de reais na época em que MOSCONI era o PRESIDENTE DA IRMANDADE e foram bancados pelos munícipes: o então prefeito SEBASTIÃO NAVARRO (membro da IRMANDADE, do mesmo grupo político de MOSCONI e GERALDO THADEU, mesmo sendo de partidos diferentes), fez passar uma lei na Câmara de Vereadores, à época presidida por MARCOS TOGNI, para que a autarquia municipal DME repassasse tal quantia para a IRMANDADE DA SANTA CASA pagar seus fornecedores[33]. O próprio MOSCONI[34] confirmou em juízo os fatos quando ouvido no CASO 1 (pp. 51/53 da sentença, fls. 3710/3712 do vol. 15 dos autos). Ora, assim vale a pena ser uma entidade SEM FINS LUCRATIVOS, mas que todos ao redor lucram (altos salários para os médicos, enfermeiros, especialmente aos parentes dos políticos e demais médicos, para o advogado, para os administradores, bem acima dos valores de mercado, conforme comprovado pelas auditorias citadas alhures). Segundo consta, o administrador que morreu (e recebia o vultoso salário de 17 mil reais, à época) passava metade desse valor ao Provedor Martinho da Luz, que não tinha salário, pois a instituição é "filantrópica[35]". À época dos fatos do processo, eram membros da IRMANDADE DA SANTA CASA, dentre outros (f. 3589 do vol.15), MOACYR DE CARVALHO DIAS (antigo dono do laticínio Poços de Caldas, depois

---

32 Sempre em busca do "crime perfeito": o irmão secretário de saúde, o prefeito integrante do esquema, a Irmandade, o deputado, a irmã audita as contas do irmão Balducci , do SUS, os vereadores e do marido SCAFI...

33 O MP pediu o arquivamento de um IP sobre tal fato, eu discordei e a Procuradoria manteve o arquivamento, como já mencionei.

34 O depoimento na íntegra está às fls. 4168/4171 do vol.17 dos presentes autos.

35 Disse filantrópica e não "pilantrópica", pois tal termo não existe.

44

vendido para a DANONE) e o atual vice-provedor é seu parente MARCOS CARVALHO DIAS (envolvido, segundo consta, com a corrupção de juízes no Mato Grosso onde possui propriedades rurais em área de confronto com indígenas). O tesoureiro da IRMANDADE (f. 3589 do vol. 15) era o já citado ANTONIO BENTO GONÇALVES, conhecido bicheiro, que seria dono de máquinas caça-níqueis da cidade e investigado pela Polícia Federal, além de SÉRGIO ROBERTO LOPES, SEBASTIÃO NAVARRO FILHO e GERALDO THADEU PEDREIRA DOS SANTOS (f. 3590 do vol. 15). Por qual motivo uma "entidade filantrópica sem fins lucrativos" como a IRMANDADE DO HOSPITAL DA SANTA CASA DE MISERICÓRDIA DE POÇOS DE CALDAS teria entre seus quadros bandidos, bicheiros, corruptos e outras pessoas ainda que aceitas pela Sociedade pelo fato de terem muito dinheiro, influência e poder político? A dona do Hospital Pedro Sanches é a MAÇONARIA ESTRELA CALDENSE[36], conforme documentação ora anexada (entre seus membros encontram-se dois conhecidos juízes titulares de Poços de Caldas), que por sua vez controla a CLIMEPE. O Grão-Mestre é o venerável LÁZARO EMANUEL FRANCO SALLES, também dono da rede de Laboratórios BIOSALLIS e que há pouco tempo foi eleito Presidente da Confederação Maçônica do Brasil (equivalente a Presidente da República) e é o Grão-Mestre do Grande Oriente de Minas Gerais. CARLOS MOSCONI fez parte dos quadros do HOSPITAL PEDRO SANCHEZ, da mesma forma que JOSÉ LUIZ GOMES DA SILVA (que hoje também é médico da SANTA CASA) e POLI GASPAR, **que trabalhou para ambos os hospitais,** confirmando a ligação ou conluio entre tais hospitais, sem contar o fato de a cidade ser pequena, todos os médicos frequentarem os mesmos lugares e fazerem parte da mesma associação classista. MOSCONI era um dos sócios quotistas, conforme ata de 29.2.84, da mesma forma que o já processado GÉRSIO ZINCONE (e outros

---

36 A lista dos membros desta loja da Maçonaria, bem como dos então sócios do PEDRO SANCHES, conseguida pelo MP, estão sendo anexadas a esta sentença.

membros da família ZINCONE), CRISTIANO REHDER (maçom e sócio do Pedro Sanches) e JOSÉ JÚLIO BALDUCCI (médico, ex-vereador, ex-secretário de saúde), ata registrada no Cartório de Títulos e Documentos, documento já constante dos autos. Em uma das poucas assembleias gerais promovidas pela IRMANDADE (como está nos documentos às fls. 3587/3591 do vol.15, ocorrida em 12.2.99, há citação expressa a MOSCONI, e assinaturas ao final, dentre outros, de MARIA JOSÉ DARÉ, ZILDA DE CÁSSIA MOREIRA DINIZ, MARIA FÁTIMA DA SILVA, SÉRGIO ROBERTO LOPES e tantos membros da IRMANDADE já citados tantas vezes. Vê-se no mesmo documento juntado às fls. 3588 do vol. 15, referente a compra de equipamentos (todos em valores astronômicos, irreais e em dólar, pasmem) somente um deles teria custado 700 mil dólares, outro 300 mil dólares, dando notícia, ainda, da contratação do inolvidável médico radiologista JEFERSON ANDRÉ SAHEKI SKULKI, "especialista em TC, portador de certificado R-3" (f. 532, Procuradoria da República). As auditorias DELOITTE e do CAOEX/MP, constataram que alguns equipamentos eram "lançados" muitas vezes na contabilidade, tornando o patrimônio irreal, o que levou a inúmeras glosas e baixa.

Importante anexar cópia do "RELATÓRIO DE GESTÃO – julho a outubro de 2005" - mandado fazer pelo Dep. MOSCONI, pois vem com a composição da IRMANDADE pós-morte de CARLOS MARCONDES. Vê-se que o Presidente do CONSELHO CURADOR é o próprio MOSCONI, que participam do Conselho MÁRCIO ROBERTO CORREA (atual PROVEDOR da SANTA CASA), bem como MARCOS CARVALHO DIAS (atual vice-provedor), a coordenadoria de RH, continua com ZILDA DE CÁSSIA, a coordenadora de finanças é RENATA DE CÁSSIA (atual superintendente, que destratou um policial civil que ousou fazer perguntas sobre retirada de órgãos, cópia em anexo), REGINA CIOFFI era a gerente técnico-hospitalar e ANTONIO BENTO GONÇALVES fazia parte do Conselho Fiscal na presidência de MOSCONI, ou seja, tudo continuou na mesma, exceto a saída de CARLOS MARCONDES

46

(morto) e MARTINHO LUZ (esse último apanhado na rede do MP). No mesmo documento, se faz um agradecimento "à grandeza" do Prefeito SEBASTIÃO NAVARRO (ex-deputado estadual, cuja filha irá se candidatar este ano, logicamente com o apoio da Organização), que viabilizou recursos do DME (Departamento Municipal de Eletricidade de Poços) à SANTA CASA, agradecimento extensivo à Câmara de Vereadores, como não poderia deixar de ser. Talvez tal gestão tenha sido a pioneira no quesito "choque de gestão", mais tarde supostamente implantada por um recente governo mineiro. Há ainda espaço para, na última folha (f. 21) do panfleto fazer uma menção "honrosa" à entidade PRORIM, cuja participação na Máfia[37] foi apontada na sentença do CASO 1 e cujo eterno presidente LOURIVAL DA SILVA BATISTA (primeiro transplantado por MOSCONI em Poços, atualmente "hospedado" no Presídio pela acusação de estuprar uma criança, depois de uma tentativa do médico condenado JOÃO BRANDÃO de deixá-lo internado na SANTA CASA, onde permaneceu por mais de 10 dias indevidamente). Para que não se diga que só se mira no passado, é que se anexa um balanço atual da IRMANDADE, publicado em **29.3.2013**, em que se destaca que a instituição continua pagando empréstimos bancários, mesmo que grande parte de suas despesas continue sendo com pessoal, pois de suas despesas operacionais de mais de 50 milhões de reais, mais de 30 milhões é com pessoal e de suas receitas, cerca de 50% é originária do SUS, recebendo, ainda, mais de 3 milhões de reais do Município, além de verbas federais e outras.

Necessário o registro, ainda que sucinto, de parte de um voto do Eminente Desembargador WANDER MAROTTA se referindo ao trabalho desenvolvido em Poços de Caldas[38]:

---

37 Leia-se ORGANIZAÇÃO CRIMINOSA.
38 Nós, juízes, não esperamos reconhecimento, mas sempre é bom saber que se está no caminho reto.

(...) homenagem ao excelente trabalho que esse Juiz fez em caso recente da apuração de crimes praticados por médicos lá em Poços de Caldas e que, na minha opinião, é um caso que tem uma importância muito, mas muito maior para a sociedade, até mesmo do que a do Hospital Evangélico de Curitiba.

III- DAS PRELIMINARES

O feito tramitou regularmente na fase judicial e não comporta nenhuma nulidade a ser escoimada. Os fatos e as condutas dos agentes são típicas, antijurídicas e culpáveis, não militando nenhuma excludente de ilicitude ou de culpabilidade a favor de nenhum dos três réus, sendo as condenações de rigor, conforme se demonstrará.

Vou analisar e reanalisar todas as preliminares aventadas pelas nobres Defesas, pois várias delas são requentadas e já foram objeto de considerações específicas por parte deste magistrado, além de terem sido também esquadrinhadas em sua grande maioria pelo Órgão Ministerial em suas bem lançadas alegações finais. Adianto que afastarei uma a uma, mesmo que algumas delas se confundam com o mérito e ali será definitivamente espancada.

Da 1ª preliminar da ilustre Defesa do réu SÉRGIO à f. 4394, vol.18, de renovação do interrogatório: não prospera tal preliminar, pois ao réu já foi dada a oportunidade de se pronunciar sobre a prova testemunhal produzida através das precatórias para a ouvida das testemunhas EDWARD e FLÁVIO. A pedido da Defesa, foram feitas cópias dos depoimentos e que já foram entregues ao advogado, inclusive se reabriu o prazo para complementar os memoriais, querendo. O mesmo pode se aplicar às testemunhas de defesa ADAILTON e FRAGONESE, podendo o réu fazer as considerações que quiser, pois teve

48

acesso ao conteúdo dos depoimentos citados. O art. 196 do CPP concede ao magistrado a faculdade de realizar novo interrogatório, mas tal não é obrigatório, tanto que foi utilizado pelo legislador o verbo "PODERÁ" e não, "DEVERÁ", se tratando, data vênia, de "mera faculdade processual". A propósito, segue decisão[39] recente da mais alta Corte do país, o Excelso STF, de lavra do culto Ministro decano, Celso de Melo, inclusive citando precedente do E. TJMG:

DECISÃO: **Trata-se** de *"habeas corpus"*, com pedido de medida liminar, **impetrado** contra decisão que, **emanada** do E. Superior Tribunal de Justiça, **acha-se assim ementada**:

> *"RECURSO ESPECIAL. PENAL. RECEPTAÇÃO QUALIFICADA. INTERROGATÓRIO DO RÉU REALIZADO ANTES DE JUNTADA DA CARTA PRECATÓRIA PARA A OITIVA DE TESTEMUNHA. POSSIBILIDADE. INEXISTÊNCIA DE SUSPENSÃO DA INSTRUÇÃO PROCESSUAL. AUSÊNCIA DE DEMONSTRAÇÃO DE PREJUÍZO. NULIDADE NÃO COMPROVADA.*
>
> *1. O art. 222 do Código de Processo Penal assenta que a expedição de carta precatória não suspende a instrução criminal, podendo realizar-se o julgamento após o transcurso do prazo marcado para seu cumprimento, juntando-se a precatória aos autos quando devolvida. Dessarte, se o próprio julgamento de mérito não depende do retorno das cartas precatórias, não se pode entender que o interrogatório do réu depende.*
>
> *2. O moderno sistema processual penal exige, para o reconhecimento de nulidade, a demonstração de prejuízo concreto à parte que suscita o vício, vigorando a máxima 'pas de nullité sans grief', a teor do que dispõe o art. 563 do Código de Processo Penal, o que não se verificou na espécie.*
>
> *3. Recurso especial a que se nega seguimento."*
>
> (REsp **1.383.791/MG**, Rel. Min. MARCO AURÉLIO BELLIZZE – **grifei**)

Busca-se, *desse modo*, **a concessão** de medida cautelar, *"(...) consistente na expedição do*

---

39   Fonte decisão - Supremo Tribunal Federal
      www.stf.jus.br/portal/diarioJustica/verDecisao.asp?

alvará de soltura, até o julgamento final do presente 'writ' (...)".

A parte ora impetrante **alega**, *em síntese*, **para justificar** sua pretensão, **o que se segue:**

> *"Conforme se infere do texto do artigo, às fls. 236, a defesa do mesmo pugnou perante o Juiz da 2ª Vara criminal da Comarca de Alfenas – MG, requerendo a tempo e hora que, 'com a devolução da citada Carta Precatória relativa à oitiva da última testemunha do processo, requer seja realizado o seu interrogatório'.*
>
> *Porém, tal fato foi indeferido, em razão da alegação do MM. Juiz, de que já houvera realizado o interrogatório do réu, fls. 218, do processo anexo.*
>
> ....
>
> *Ora, o 'devido processo legal' não foi observado na medida em que não se respeitou o artigo 400, do Código de Processo Penal, o que estabelece que o interrogatório do acusado deve ser o último ato da instrução criminal."*

Sendo esse o contexto, **passo a apreciar** o pedido de medida liminar. **E**, *ao fazê-lo*, **entendo que o exame** dos fundamentos em que se apoia a presente impetração *parece descaracterizar – ao menos em juízo de estrita delibação* – **a plausibilidade jurídica** da pretensão cautelar deduzida **nesta** sede processual.

Tenho salientado, *nesta Corte* (**HC** 85.796/PR), que, **não obstante a norma inscrita nos §§ 1º e 2º do art. 222 do CPP**, *de um lado*, **e a jurisprudência** dos Tribunais em geral (**RT** 582/390 – **RT** 600/366), **inclusive** a desta Suprema Corte (**RT** 552/445), *de outro*, **cumpre resguardar**, *em sua plenitude*, **a integridade** da garantia constitucional inerente ao *"due process"*, *em cujo alcance concreto* compreende-se o direito do réu **de ver assegurada** a possibilidade de produzir, **dentre** outros elementos de convicção, **prova testemunhal** em favor de sua defesa penal.

Ao fazer tal observação, **tenho presente** *lapidar advertência* **constante** do v. acórdão **emanado** do E. Tribunal de Justiça do Estado do Rio Grande do Sul, **em passagem** que vale transcrever, ante o seu **indiscutível** acerto:

> *"(...) CONFLITO ENTRE NORMA PROCESSUAL PENAL E NORMA CONSTITUCIONAL.*
>
> *É evidente o cerceamento de defesa do apelante, pois nem norma processual penal expressa, como a dos §§ 1º e 2º do art. 222 do CPP, pode sobrepor-se ao princípio constitucional da amplitude da defesa, ainda que em nome da celeridade da instrução do processo de réu preso. Provimento de recurso. Decretação de nulidade do processo. Unânime."*
>
> **(RJTJERGS 151/155**, Rel. Des. NILO WOLFF – **grifei)**

O direito à prova – *tal como assinala o magistério da doutrina* (ANTONIO MAGALHÃES GOMES FILHO, **"Direito à prova no processo penal"**, 1997, RT; ROGÉRIO LAURIA TUCCI, **"Direitos e Garantias Individuais no Processo Penal Brasileiro"**, p. 196/209, itens 7.4 e 7.5, 2ª ed., 2004, RT; ROGÉRIO SCHIETTI MACHADO CRUZ, **"Garantias Processuais nos Recurso Criminais"**, p. 128/129, item 2, 2002, Atlas) – **traduz** *momento de expressiva concreção* da garantia constitucional da plenitude de defesa **e** do contraditório.

O exame dos autos, *no entanto, parece evidenciar,* **ao menos** para efeito de juízo delibatório, **que não se revelaria** presente a existência *do alegado* prejuízo ao direito de defesa do ora paciente, **eis** que as cartas precatórias foram devolvidas, *em tempo oportuno*, ao juízo sentenciante, **antes,** *portanto*, da realização de diligências suplementares, de *"alegações finais (memoriais)"* **e da própria sentença.**

É preciso ter presente, *neste ponto,* **que a disciplina normativa das nulidades,** no sistema jurídico brasileiro, **rege-se pelo princípio** segundo o qual *"**Nenhum ato** será declarado nulo, **se da** nulidade **não resultar prejuízo** para a acusação ou para a defesa"* (**CPP**, art. 563 – **grifei**).

Vale transcrever, *no ponto,* por oportuno, **trecho** do voto proferido pelo eminente Desembargador EDUARDO BRUM, do E. Tribunal de Justiça do Estado de Minas Gerais, **no julgamento** do Recurso de Apelação nº 1.0016.05.044028-4/001, **interposto** pelo ora paciente:

> *"**Outrossim**, constata-se que a defesa técnica do réu se fez presente na referida audiência para oitiva de testemunha deprecada (fls. 229/230), bem como que o conteúdo da prova em questão foi trazido aos autos **antes mesmo** das alegações finais defensivas, que somente foram apresentadas às fls. 246/263, **o que demonstra ausência de prejuízo**, pois o combativo defensor teve amplo espaço para debater referido aspecto de convencimento (depoimento da testemunha de defesa Mauro Pedro Braga).*
>
> ***Por fim**, por mais que, **de acordo** com o art. 196 do CPP, o magistrado **possa realizar** novo interrogatório do réu **a qualquer tempo** com base no princípio da verdade material, **tal providência é facultativa**, ficando a critério do juiz. E, 'in casu', o MM. Juiz   'a quo' entendeu não haver necessidade de tal ato, até porque, quando do indeferimento do pedido de adiamento do interrogatório do réu, já havia se manifestado fundamentadamente: (…)."* (**grifei**)

Tem razão esse eminente magistrado **quando acentua** que a realização *de novo interrogatório do réu,* **sobre constituir** medida excepcional, **traduz** *mera faculdade processual* **outorgada** pelo ordenamento positivo ao juiz responsável pela direção do processo penal de conhecimento.

Esse entendimento, **além de encontrar** suporte no magistério da doutrina (EUGÊNIO PACELLI DE OLIVEIRA e DOUGLAS FISCHER, **"Comentários ao Código de Processo Penal e sua Jurisprudência"**, p. 409/410, item n. 196.2, 5ª ed., 2013, Editora Atlas, *v.g.*), **tem o beneplácito** da jurisprudência dos Tribunais em geral (**RT** 811/562 – **RT** 796/593), **notadamente** a deste Supremo Tribunal Federal (**HC** 35.270/RJ – **HC** 90.830/BA – **HC** 91.292/PR).

Impende destacar, *ainda*, **que o interrogatório judicial** do ora paciente **foi realizado** como último ato da instrução probatória, **não obstante** ocorrido em momento **que precedeu** a devolução, *devidamente cumprida*, **de apenas uma** das cartas precatórias que haviam sido expedidas.

De qualquer maneira, *no entanto*, as cartas precatórias **foram devolvidas**, _todas elas_, **antes** *da fase pré-final* do processo penal de conhecimento **a que se referem** os arts. 403 **e** 404 do CPP, **na redação** dada pela Lei nº 11.719/2008.

Em suma: a análise destes autos, *desse modo, _parece_* **não** evidenciar, *no processo penal de conhecimento em questão*, a ocorrência *de _qualquer prejuízo_* para o ora paciente, **que**, *tal como já enfatizado*, **exerceu**, *em plenitude*, as prerrogativas inerentes ao direito de defesa. **Impõe-se ter presente**, *por necessário*, que esse postulado básico – *"pas de nullité sans grief"* – tem por finalidade **rejeitar o excesso de formalismo**, desde que *eventual preterição* de determinada providência legal (circunstância *que parece* **não** haver ocorrido na espécie) **não tenha causado** prejuízo *para qualquer* das partes (**RT** 567/398 – **RT** 570/388 – **RT** 603/311).

Cumpre assinalar, *por relevante*, **que o deferimento** da medida liminar, **resultante** do concreto exercício do poder cautelar geral **outorgado** aos juízes e Tribunais, **somente se justifica** em face de situações **que se ajustem** aos seus específicos pressupostos: **a existência** de plausibilidade jurídica (*"fumus boni juris"*), *de um lado*, **e a possibilidade** de lesão **irreparável ou** de **difícil** reparação (*"periculum in mora"*), *de outro*.

Sem que concorram esses dois requisitos – que são necessários, essenciais **e** cumulativos –, **não se legitima** a concessão da medida liminar.

Sendo assim, *e sem prejuízo* **de ulterior reapreciação** da matéria, **quando** do julgamento final do presente *"writ"* constitucional, **indefiro** o pedido de medida liminar.

2. **Ouça-se** a douta Procuradoria-Geral da República.

Publique-se.

Brasília, 08 de outubro de 2013.

Fica, portanto, **afastada a 1ª preliminar.**

A 2ª preliminar à f. 4396, do suposto cerceamento de defesa ante o indeferimento da prova pericial também foi alegada pela Defesa dos réus CELSO e CLÁUDIO no item 1.3 à f. 4471, sendo, portanto, analisadas em conjunto, inclusive o requerimento foi formulado em CONJUNTO pelas Defesas, como se vê da Ata da Audiência à f. 4105 do vol.16. A justificativa apresentada pelos ilustres advogados foi de que como foram utilizados termos técnicos, incluindo a menção sobre "arteriografia de quatro vasos"[40], seria supostamente necessária tal perícia por parte de assistente técnico, acrescendo a Defesa dos dois réus, que tal prova havia sido requerida por ocasião da resposta preliminar. Afasto a 2ª preliminar, pois manifestamente improcedente, deixando de repetir o que já foi expendido na decisão às fls. 4106/4107 por ocasião da AIJ no dia 1.8.13, nos termos do previsto nos art. 403 e 404 do CPP, que fica fazendo parte da presente fundamentação. Tal prova não se me afigura imprescindível, pois não há nenhuma dúvida do que seja "arteriografia de quatro vasos", já tão bem explicada por REGINA CIOFFI apenso1-I já citado na seção anterior. De todo modo, a Defesa poderia, como fez, juntar excertos sobre o tema, como procedeu relativamente ao sistema de avaliação ASA e outros temas. Como bem asseverou o *parquet* **"quer me parecer que as defesas dos réus confundem o conceito de prova pericial com prova documental"**. Para haver a nomeação de assistentes técnicos pelo juiz, deve haver a prova pericial produzida por perito do juízo, o que inexiste no caso. O caso não seria este e sim, se foi ou não feita tal arteriografia no interior da SANTA CASA, matéria de mérito e que no momento oportuno será analisada em detalhes. Há fundadas dúvidas de que tenha sido feito mesmo tal exame, pois, como visto, não estava presente quando da realização da auditoria n. 33/00, da mesma forma que seu laudo. Este, o laudo, como comprovado, foi feito 8 meses após e "plantado" nos autos. Além disso, em se tratando de exame complementar, não poderia ter sido realizado, pois o exame clínico que o antecedeu não poderia ter sido feito, se fosse respeitada a Resolução n. 1480/97 do CFM, bem como a legislação atinente à espécie, que diz que deveria ter sido INTERROMPIDO o protocolo de morte encefálica havendo resposta sim para hipotermia ou uso de depressores do SNC, fora as demais irregularidades constatadas pelos médicos auditores, ouvidos em juízo.

---

40 Será provado nesses autos que tal exame de arteriografia NUNCA foi realizado, além disso, em nenhum momento tive contato (nem ninguém teve) com as chapas de tal suposto exame.

A vítima chegou VIVA à SANTA CASA, pois a arteriografia feita anteriormente acusou contraste e o exame clínico foi mascarado pelos medicamentos, estando a mesma massivamente sedada e ainda recebeu anestesia. Então foi feita uma tentativa de se legalizar ou formalizar o exame de arteriografia na SANTA CASA para justificar a remoção dos órgãos, tanto que o réu CELSO escreveu "SEM ME" e o réu SÉRGIO aplicou anestesia geral e a classificou como ASA V, "paciente moribundo com perspectiva de óbito em 24h". Não poderia, então, a suposta arteriografia de quatro vasos, "padrão ouro" tão a gosto da Defesa, provar que a vítima estava morta ou em "morte encefálica", se as demais contundentes provas estão a provar o contrário. Ademais, o juiz não fica adstrito a nenhum laudo no momento de julgar, aplicando-se no direito brasileiro os princípios do livre convencimento motivado, onde o juiz julga com o que está nos autos e sua consciência e da verdade real. Este magistrado NUNCA VIU as chapas de tal arteriografia de quatro vasos nos autos que estão no TJMG/STJ e nem nesses autos. O *"Mister M"*[41] que as fez aparecer (vários anos depois) deve tê-la feito desaparecer depois (e convenientemente pois não resistiria a uma comparação às radiografias do crânio da vítima feitas por ocasião da exumação, que certamente seriam por mim determinadas e por um perito de confiança do juízo). Assim, a pretensão defensiva não foi indeferida "incrivelmente", mas com forte e contundente motivação e fundamentação nos autos, até mesmo porque tal arteriografia de quatro vasos nunca foi realmente realizada, existindo tão somente nas mentes dos criminosos.

Também **improcedente, pois, a 2ª preliminar**, ainda mais requentada e bem explicada, ainda que avance de certa forma em matéria de fundo, despiciendas maiores considerações nesta fase.

A 3ª preliminar à f. 4398, de ofensa à paridade de armas também é manifestamente improcedente. Mais uma vez será analisada em conjunto, pois a pretensão também foi formulada à f. 4474 pela Defesa dos outros réus. Uma vez que a questão foi convenientemente fundamentada na decisão às fls. 4378/4379 e após requerimento da Defesa dos outros réus, foi novamente prolatada decisão às fls. 4383/4387 do vol. 17 (com julgados) é para lá que se remete, pois não quero depois ser acusado de produzir sentença extensa demais. Tanto não é vero, que o prazo para as Defesas foi **mais uma vez**[42] reaberto, contemplando sempre a mais ampla defesa e os meios que lhe são inerentes. Quem proíbe a vista fora do cartório é a lei processual, quando há mais de um réu. De idêntico modo, um processo com tanto volumes e apensos não poderia ficar "andando" de um lado para o outro, com grande chance de se extraviar algum documento. Às Defesas foram facultadas todas as facilidades

---

41 Famoso mágico da década dos 90 do século passado, que explicava os truques, granjeando-lhe, segundo consta, muitas inimizades em seu meio profissional por tal motivo.

42 Também os prazos para a defesa preliminar foram muito estendidos para as Defesas, como visto no relatório desta sentença.

para fotocopiarem e ter acesso irrestrito aos autos, no momento que quisessem. Portanto, houve igualdade nas armas ou o MP ficou para trás, está à distância, com excesso de feitos e as ilustres Defesas vêm atuando em conjunto, o que não é proibido por lei. Todas as partes, conforme se viu no relatório, extrapolaram os seus prazos e a sanção, caso existente, seria apenas de cunho administrativo.

Fica **afastada a 3ª preliminar** por tais argumentos, não sendo necessário se estender demasiadamente.

A 4ª preliminar à f. 4400, de inépcia da inicial, igualmente não merece prosperar. Tal preliminar foi afastada (juntamente com outras, como bem citado pelo MP às fls. 4318/4322) pela decisão às fls. 3745/3749 do vol. 15, remetendo-se à mesma, para se evitar repetição inútil. Acresça-se que conforme o julgado do STJ "é apta a deflagrar a ação penal a denúncia que narra pormenorizadamente fato penalmente típico, descrevendo o nexo causal entre a suposta conduta dos pacientes e o evento danoso que lhes foi atribuído" (STJ-HC 102.250/ES- Relator: Ministra Jane Silva- 6ª Turma- DJE de 6.10.08), citada na Apelação Criminal n. 1.0518.09.171306-6/001 julgado em **17.12.13**, Relator o culto Desembargador Fortuna Grion. Disse, ainda, textualmente o R. Acórdão citado: **"Por oportuno, registro que a alegação de inépcia da denúncia esgota-se com a prolação da sentença, tornando-se preclusa a matéria"** e cita nova jurisprudência do E. STJ, agora da lavra da iminente Ministra Laurita Vaz da 5ª Turma. Quer parecer que é o caso dos autos, despiciendas maiores delongas. A inicial permitiu sim a mais ampla defesa, que está sendo exercitada quase à exaustão, tanto que permitiu a ótima peça defensiva. Não é simplesmente dito que classificou como ASA V e aplicou anestesia geral, são os demais fatos e condutas, já amplamente narrados nos "pressupostos fáticos/históricos". O fato típico e ilícito é o homicídio, a conduta "matar alguém" ou "retirar órgãos de pessoa viva", na forma prevista no art. 29, "quem de qualquer modo", responderá "na medida de sua culpabilidade". Poderia o réu ter usado da prerrogativa de tentar "trancar" a ação penal pela via do *habeas corpus* e não o fez. Não o fez, porque sabia que o resultado lhe seria adverso. Foi obedecido pelo órgão acusador o determinado no art. 41 do CPP e tanto quanto basta.

Afasto, pois, a 4ª preliminar, pelos argumentos citados.

Vou analisar agora a 5ª preliminar à f. 4405 de coisa julgada, que será mais uma vez analisada em conjunto, pois arguida também à f. 4470 pelos demais réus. Improcedem os cultos e argutos argumentos das ilustradas Defesas, razão pela qual tal proemial será afastada. Vejamos. Andou bem o ilustre RMP quando citou a minha decisão às fls. 3745/3749 do vol.15, transcrevendo uma parte à f. 4321, a qual não será repetida, mas que fica fazendo parte integrante desta. Cabe o registro, pela precisão e concisão da manifestação do *parquet*:

> A exceção de coisa julgada também não prospera, eis que não há se falar em ocorrência de coisa julgada para propositura da ação penal por inexistência de prova nova, visto que, entre o oferecimento da denúncia em **16/05/2002** e o aditamento em **05/12/2012**, surgiram relevantes provas não existentes à época da denúncia, decorrentes de depoimentos de testemunhas e de declarações dos réus inicialmente denunciados (vols. 08/10), bem como do Relatório da CPI do tráfico de órgãos humanos. (f. 4320, destaques no original).

Qualquer omissão em denúncia pode ser suprida a qualquer tempo antes da sentença final, a teor do prescrito no art. 569 do CPP. O recebimento da denúncia não faz coisa julgada, se tratando de interlocutória simples, a qual nem é preciso fundamentar (conforme iterativa jurisprudência, inclusive de tribunais superiores). Comprovada a existência de novas provas a afastar a incidência de Súmula 524 do STF ou Súmula 14 do TJMG, como depoimentos, declarações dos réus em outro processo e o relatório da CPI, posterior ao oferecimento da denúncia original. Assim, não há que se falar em arquivamento implícito ou explícito. Não há nem mesmo a litispendência. Não há qualquer nulidade no recebimento do aditamento à denúncia original. Logicamente que as novas provas produziram sensível alteração na suma probante, com os próprios réus trazendo em juízo: novos dados, as testemunhas ouvidas, o relatório da CPI, que permitiram um novo horizonte, ficando o MP convencido da participação dos ora réus nos eventos criminosos e com atuação de destaque. O Procurador da República chamado indevidamente a depor (deveria ser contraditado, no mínimo) tem interesse manifesto no resultado do processo e seu entendimento, no presente momento, não tem nenhum valor, data vênia. O que seria ou não seria um "erro formal"? Então o documento subscrito pelo réu CELSO SCAFFI não tem nenhum valor? E a tentativa de inserir declaração *a posteriori* no mesmo documento, foi feita para quê? E as explicações "com", "em", dadas sob juramento na CPI (que tem poderes jurisdicionais, fique claro)? Conforme dito, a "emenda ficou pior que o soneto".

Assim, remetendo-se à decisão já exposta, **afasto a 5ª preliminar**, de exceção de coisa julgada.

A 6ª preliminar à f. 4410, de ausência de justa causa para a ação penal também não sobrevive a uma análise por mais perfunctória que seja. O fato da decisão de pronúncia dizer que há prova da materialidade do delito nos autos originais não conduz à conclusão almejada, se tratando, com todo o respeito, de um sofisma. É possível que um homicídio qualquer se inicie em um lugar, com determinados agentes e termine em outro, se exaurindo com a conduta de terceiros. No caso em análise, todos os réus, originários e os atuais, agiram em evidente conluio, com a adesão da vontade de uns com as de outros. Portanto, não há se falar em falta de lógica. Como visto na seção antecedente, havia (há) a ação de uma organização criminosa na SANTA CASA, diversos réus trabalhavam (trabalham) em ambos os hospitais, vários casos suspeitos envolvendo transplantes foram investigados (há inclusive condenação, envolvendo dois dos réus desse processo). É fato que a vítima, a criança P.V.P, chegou viva à SANTA CASA, não foi feita nenhuma arteriografia ali, nem de "mil vasos", tal fato não está provado nesses autos (bem ao contrário) e a vítima veio a óbito depois que órgãos vitais lhe foram vilmente extirpados. Não posso entrar no mérito da ação de competência do Júri, mas ali, os Srs. Jurados terão que decidir se os primeiros réus praticaram uma tentativa de homicídio ou participaram (de qualquer modo) no homicídio que acabou acontecendo não no Hospital Pedro Sanches, frise-se, mas no Hospital da IRMANDADE DA SANTA CASA. Não se tem duas acusações para uma só morte (homicídio) e sim a participação ou co-autoria (concurso de agentes). Nestes autos se julga a conduta de três réus por crime previsto na legislação extravagante e naqueles autos, delito contra a vida, de competência exclusiva do Tribunal do Júri, uma não exclui a outra. Se o resultado deste processo vai influenciar o outro julgamento, pouco importa, ou melhor, nada se pode fazer a respeito. Ademais, a decisão de pronúncia (que nem é sentença em sentido formal) não é definitiva, estando sob recurso. Uma vez que a questão posta na preliminar já foi dirimida por este juízo é que se remete à decisão à f. 3747, onde ali foi afastada, se tratando de mera reiteração. Tanto há justa causa, que o processo prosseguiu e não houve nem ao menos tentativa de se "trancar a ação", caso fosse procedente o argumento.

Afasto, pois, a 6ª preliminar, pelas razões expostas.

A 7ª preliminar à f. 4414, também bisada pela Defesa dos demais réus às fls. 4468, proposta em conjunto, será analisada conjuntamente, mais uma vez. Manifesta improcedência e já analisada com propriedade pelo MP às fls. 4319/4320 e decidida por este juízo às fls. 3745/3749, a qual se remete, para evitar as inúteis repetições. O MP é uno e indivisível. Não há atividade de execução, não há ofensa alguma ao promotor de justiça natural. O que não foi natural foi a tentativa da Defesa de alguns dos réus de afastar o juiz da causa, Isso foi feio, muito feio. Promotores do local se declararam suspeitos e o Procurador Geral de Justiça, dentre as suas atribuições constitucionais indicou um substituto. Ponto. O TJMG provocado no caso conexo já se pronunciou a respeito. Despiciendas maiores considerações, ficando **afastada tal preliminar**, não havendo nenhuma nulidade a ser escoimada.

A 8ª preliminar à f. 4473 "perguntas feitas pelo magistrado a fatos que extrapolam a denúncia e aditamento", também não terá melhor sorte e fica afastada. Não houve inovação alguma ou cerceamento de defesa que levasse a alguma nulidade, tão almejada pela ilustrada Defesa. Não há vedação a perguntas por parte do juiz, que indaga o que entender de interesse para o deslinde da causa e das ações conexas que serão julgadas pelo mesmo magistrado, ainda mais que é o destinatário final de todas as provas. Os advogados são os mesmos que trabalharam na causa conexa e assim, não

58

houve surpresa alguma. A mesma atitude foi tomada no outro processo e o TJMG entendeu não haver nenhuma nulidade. Conforme já exaustivamente explicado e constante nos "pressupostos fáticos/históricos" desta sentença e da sentença do CASO 1, não se poderia julgar um caso conexo que veio depois, sem falar do que veio antes e vice-versa. Não se pode entender o todo, sem a parte. É por isso que faz falta a muitos operadores do Direito um bom estudo de filosofia ou mesmo de lógica pura.

Afasto, portanto, tal proemial, por ser manifestamente improcedente, não havendo supedâneo legal ou lastro mínimo para ser acatada, se remetendo ao decidido em audiência.

A 9ª preliminar à f. 4474, "registro ilegal de perguntas dirigidas ao acusado CLÁUDIO", também não prospera, pois a revogação de dispositivo expresso, não veda a simples consignação das perguntas. Não houve qualquer prejuízo para a parte, que não o provou e o direito ao silêncio foi observado. Ademais, conforme se vê da Ata às fls. 4104/4107 NÃO HOUVE PROTESTO da ilustre Defesa, no momento do interrogatório e nem por ocasião da lavratura da mesma, concordando com os atos praticados. Do próprio interrogatório às fls. 4124 de vê que o réu respondeu as primeiras perguntas espontaneamente, de modo que se consignaram as demais (vai que resolvesse responder a mais alguma, nunca se sabe, já vi de tudo um pouco). **Afastada, pois, também, tal preliminar**.

Analisadas todas as questões prévias, todas impertinentes, *data maxima venia*, caso alguma dúvida ainda persista será definitivamente espancada na seção subsequente, na qual se pretende analisar finalmente o mérito da causa, eis que algumas avançaram ao fundo da lide proposta.

IV-DO MÉRITO

Depois da sentença do CASO 1, vítima JDC, da notícia dos demais oito casos suspeitos descobertos pelas auditorias na SANTA CASA, que só vieram à tona depois das denúncias do caso dos autos (CASO ZERO, vítima criança P.V.P), com a conclusão da CPI DO TRÁFICO DE ÓRGÃOS, com a continuação das investigações sobre a morte do administrador do hospital, com o surgimento de novas testemunhas, com a morte de outra testemunha, com o julgamento dos CASOS DE TAUBATÉ, com as notícias da UTI do Hospital Evangélico de Curitiba: ninguém mais já se surpreende com mais nada. O caso dos autos é muito antigo e aguarda solução há quase 14 anos. Não vamos ser hipócritas e achar que tudo correu bem, que esta demora é normal porque não é. Ninguém deve estar imaginando que o pronunciado ALVARO IANHEZ, por exemplo, receberá ou cumprirá alguma pena, pois em menos de três anos completará 70 anos de idade e ocorrerá a prescrição[43], como ocorreu com o médico acusado de vários assassinatos de pacientes, o peruano FELIX HERNAN GAMARRA[44], o famoso "bom para UTI". E é preciso que se diga, é o mais vil, o mais abjeto, o mais desprezível crime que já julguei nos meus quase vinte anos de magistratura. Se bem que a Máfia de Poços de Caldas que agia (age) dentro dos hospitais, especialmente o da SANTA CASA, acredita (ainda) que está acima da lei. Foi muito difícil para os médicos transplantistas integrantes da Máfia deixar "passar" um potencial doador como a criança PVP, um menino sadio, cheio de vida, no auge de seus 10 anos de idade, com todos os órgãos perfeitos, em uma cidade (Poços de Caldas) onde não ocorrem tantos acidentes ou AVC ou HSA (hemorragia sub aracnóide) para gerar doações. Tudo corria bem, achavam que era mais um paciente pobre, de família com baixa instrução, ainda mais em um feriadão[45]. Corria e correu bem, até que

---

43 Já passou da hora do Congresso alterar o disposto no art. 115 do CP, ainda mais com o aumento da expectativa de vida do brasileiro. A prescrição com o tempo pela metade já beneficiou pessoas como Cláudio Mourão e MARES GUIA, envolvido no outro mensalão (mineiro) e até em homicídio.

44 Que, incrivelmente, ainda trabalha no HOSPITAL DA SANTA CASA. Em qualquer outro local minimamente sério já teria sido colocado na rua, somente pelas suspeitas. Mas ali, deve ter recebido aumento no salário.

tentaram cobrar também pelo transplante, a ganância foi muita. A partir daí o que se descobriu foi um verdadeiro *trailler* de horror, como se viu.

A questão da alegação de crime impossível já foi afastada na decisão que confirmou o recebimento do aditamento à denúncia e designou AIJ (f. 3747). Também o órgão ministerial se manifestou sobre o tema e foi convincente, como se vê à f. 4322: **"O fato, porém é típico e penalmente punível, até porque não se está falando de tentativa, mas de crime consumado"**. A Defesa nem insistiu mais nessa tese. Também as demais teses das Defesas serão uma a uma colocadas de lado, afastadas, pois como disse, o caso é de condenação e condenação exemplar, não de "mentirinha", para a pena aplicada também prescrever[46], questão a ser enfrentada lá adiante na dosimetria das penas.

IV-1 DA MATERIALIDADE

A **materialidade** do delito está consubstanciada no IP às fls. 24/1794, na denúncia às fls. 12/23, pela instrução processual, tanto na Justiça Federal, quanto na Estadual, pelos relatórios das auditorias, especialmente às fls. 31/56, pela declaração de óbito da vítima (f.323), prontuários médicos da vítima às fls. 86/118 e outros, pelo relatório da CPI (apenso 23), demais documentos e depoimentos juntados aos autos que comprovam que a vítima teve seus órgãos retirados pelos réus para fins de transplante, mas sabiam os réus que a mesma estava viva, causando-lhe, assim, a morte.

IV-2 DA AUTORIA CRIMINOSA

---

45 O pai estava fora da cidade, a trabalho, segundo consta.
46 Niklas Luhmann foi um dos estudiosos que descreveu o jogo de "faz-de-conta", na Teoria dos Papéis, parte de sua Teoria dos Sistemas.

As **autorias**, por parte dos três réus, restaram ampla, cabal e completamente demonstrada, sendo a condenação de rigor, conforme requerido pelo RMP, que bem se desincumbiu de sua tarefa, malgrado todos os desesperados esforços das ilustres Defesas. Não milita a favor deles, como já explicitada, nenhuma excludente de ilicitude ou de culpabilidade que isentasse os réus das penas, sendo todos plenamente imputáveis e os fatos narrados **são típicos, ilícitos e culpáveis**. Senão, vejamos. Necessária a citação do muito culto e estudioso Procurador de Justiça, DR.JOSÉ FERNANDO MARREIROS SARABANDO, quando do julgamento da Apelação Criminal n. 1.0518.12.005685-9/001 lecionou sobre o valor da prova indiciária, dizendo "a prova indiciária é bastante para incriminar alguém". Citou o magistério de PAULO HEBER DE MORAIS e JOÃO BATISTA LOPES:

> Os indícios são certas circunstâncias que nos permitem chegar à verificação da existência de um fato (por ex.: o encontro da coisa furtada em poder de determinada pessoa constitui um indício da existência de crime e de sua autoria) (*apud* Da prova indiciária, JOSÉ HENRIQUE PERANGELI, IN Revista dos Tribunais, vol. 610, p. 296).

O preclaro Procurador SARABANDO discorre sobre o prestigiado princípio do livre convencimento motivado (ou da persuasão racional), contido na própria exposição de motivos do CPP, para dizer:

> O princípio aludido – de matriz constitucional (art. 93, inciso IX), vale referir- encontra explícita previsão também no art. 155, caput, do digesto processual penal, segundo o qual o magistrado formará a sua convicção pela livre –porém fundamentada, acrescente-se- apreciação da prova produzida em

contraditório judicial, obviamente contemplando, nesta categoria, também a prova dita judiciária.

Ainda é de bom alvitre observar o que disse o Des. WALTER LUIZ DE MELO, por ocasião do julgamento do HC n. 1.0000.13.008674-7/000, julgado em 4.4.13, que trata, verdadeiramente, do que se denominou Princípio da Confiança no juiz da causa:

> Pela importância, deixo registrado: **ninguém melhor que o juiz da causa, que tem contato direto com o indiciado/paciente e possíveis testemunhas, para perceber, nas entrelinhas do processo, a realidade dos fatos que estão sob seu exame.** (p.3, destaquei).

Foram feitas tais considerações para dizer que as provas dos autos estão muito além das provas indiciárias, que além de tudo são também importantes no acervo probatório para o convencimento do juiz (STF *in* HC n.70344-rj, 2ª Turma, Rel. Min. PAULO BROSSARD, DJU de 22.10.1993). Nunca é demais lembrar ser o juiz o escoadouro, o natural destinatário das provas produzidas em juízo.

Ainda antes de examinar as condutas dos réus, convêm relembrar o que disse MOSCONI quando ouvido por mim em juízo:

> O médico e deputado CARLOS MOSCONI[47] foi ouvido em juízo às fls.1259/1262 e confirmou seu empenho pela atividade de transplante, que segundo ele, seguia padrão "técnico e ético", o que não se confirmou na prática. Disse conhecer IANHEZ desde os anos setenta, além do irmão deste, Luiz

---

47 Em sendo o caso de aplicação da Teoria do Domínio do Fato, amplamente divulgada por ocasião do julgamento do "mensalão" pelo STF, pela qual o autor não é só quem executa o crime, mas quem tem o poder de decidir sua realização, poderia até mesmo ser investigado ou denunciado no caso de comprovada a atuação de uma organização criminosa no âmbito da IRMANDADE DA SANTA CASA em Poços de Caldas.

Estevão Ianhez. Negou que existisse uma central de captação de órgãos no consultório de IANHEZ, e que a captação seria de responsabilidade de centro cirúrgico (que por acaso funcionava na SANTA CASA; foi desmentido ainda pela testemunha José Tasca, fls. 1245/1288). Confirmou que a SANTA CASA foi descredenciada pelo Ministério da Saúde para realizar transplantes (e os critérios ou padrões éticos e técnicos mencionados?). Como todos os demais médicos da SANTA CASA, disse **"não se recordar"** da existência de uma LISTA de receptores de órgãos da SANTA CASA de Poços. Disse que IANHEZ está atualmente na cidade mineira de Unaí. Confirmou que CELSO SCAFI trabalhava no consultório do depoente. Confirmou ter trabalhado tanto no Hospital Pedro Sanchez quanto no da IRMANDADE DA SANTA CASA. Disse que por causa do endividamento da SANTA CASA foi indicado Presidente de seu Conselho Curador por um período. Confirmou um convênio celebrado com a autarquia municipal DME no qual foi equacionada uma dívida de **quatorze milhões de reais** da SANTA CASA. Disse que Antônio Bento Gonçalves já fez parte da IRMANDADE. Disse que fez os primeiros transplantes de Poços de Caldas nos anos de 1991 ou 1992. Disse já "ter ouvido falar" da entidade MG-SUL TRANSPLANTES, não sabendo se atuava em Poços ou região[48].

Afirmou desconhecer a existência de CNCDO estadual e regional (fato muito difícil de acreditar, para um parlamentar especializado na área). Disse não saber se o "MG-SUL" era uma entidade irregular ou clandestina. Afirmou não saber quem doou o imóvel para o MG-Sul funcionar (é sabido que ao aluguel era pago pela SANTA CASA, sendo que antes funcionava no interior desta, como já visto). Declarou desconhecer a entidade denominada PRO-RIM (fato inverossímil, dadas as atividades do médico e depoente na

---

48 Já se viu páginas atrás que MOSCONI foi um de seus mentores, juntamente com IANHEZ , SCAFI, demais acusados e outros médicos da SANTA CASA, fato demonstrado até mesmo pela artigo que publicaram no Jornal Brasileiro de Transplantes n. 4, vol. 1 (vide nota de rodapé 7 à f. 24).

área, sua proximidade com IANHEZ e sua ligação com a IRMANDADE). Disse não saber quem conduziu SÉRGIO LOPES para trabalhar na IRMANDADE. Tomou conhecimento da CPI do Tráfico de Órgãos da Câmara dos Deputados. Disse que a situação da vítima nos presentes autos era "grave". Não soube dizer se GÉRSIO e ALEXANDRE tinham autorização para fazer captação e transplante de córneas. (fls.3710/3712 do vol.15 dos autos).

Os três réus, se defendendo de forma simétrica ou paralela, dizem-se inocentes. Os dois urologistas (CELSO e CLÁUDIO) dizendo que só podem responder a atos afetos de sua especialidade, nada podendo dizer sobre a anestesia. O anestesista SÉRGIO[49], do mesmo modo, afirmando que nada pode dizer da cirurgia da remoção dos órgãos, só podendo falar dos atos anestésicos. Com o perdão da palavra, nada mais é do que o antigo "jogo de empurra". Depois, os três, de forma conjunta (e certamente que as defesas foram feitas de forma combinada, como se viu nas audiências e nas análises das preliminares) tentam imputar toda a responsabilidade em cima dos réus que responderão (se um dia for a julgamento) perante o Tribunal do Júri. Assim é mais fácil. "Não temos nada com o que foi feito antes", "nada sei sobre protocolo de morte encefálica", "o paciente já chegou entubado", "temos que confiar no colega que atendeu antes", "o meu cliente era o neurologista", "não era de meu conhecimento ou da literatura da época", "os defendentes jamais participaram do atendimento da vítima", tudo não passa de um mero erro formal, de uma coisa sem importância. Tanto é que a defesa fica quase que tão somente em preliminares, quando chega ao mérito, ao fundo da questão, é

---

49   SÉRGIO POLI GASPAR quer se distanciar dos acontecimentos da SANTA CASA mas tem o nome citado expressamente no discurso do Prof. Sebastião Coutinho na p.27 da audiência pública sobre a situação da SANTA CASA ocorrida em 1.4.05, tutela coletiva, vol.I, apenso 29. Sempre foi dos mais atuantes na defesa dos transplantes e da SANTA CASA.

feita genericamente, tentando deliberadamente tirar a importância, a seriedade das coisas, de modo até desrespeitoso com tantos quantos trabalharam arduamente -excluindo os que tentaram desvirtuar os fatos- no caso, por todos esses anos. Então, tudo não passou de um mero engano? Tudo não passou de um lapso? Meros detalhes? Diz o laudo pericial n.2072/2010 citado nas pgs. 34 e 35 da sentença do CASO 1:

> Alguns medicamentos rotineiramente usados no manejo de pacientes graves tais como opióides, barbitúricos, benzodiazepínicos, fenotiazínicos, antidepressivos tricíclicos, relaxantes musculares **podem afetar o diagnóstico de morte cerebral** por deprimir os reflexos de tronco encefálico e o sinal do eletroencefalograma até o padrão isoelétrico (zero). Segundo Kalcher e Meinitzer (2008), nestes casos, essas drogas devem ter seus níveis séricos constantemente monitorados. (fls. 3693/3694, vol.15).

Dizem os mesmos peritos:

> Segundo Morato (2009), para pacientes com histórico de uso prévio de bloqueadores neuromusculares, drogas psicotrópicas, antidepressivos tricíclicos, agentes anestésicos e barbitúricos, deve-se AGUARDAR UM PERÍODO DE 24 à 48h ANTES DO COMEÇO DO PROTOCOLO DE MORTE ENCEFÁLICA. (f. 3694, p.35 da sentença CASO 1);

Mas os médicos que não se enganam no diagnóstico (seria mais prognóstico) de morte encefálica, erram tão grosseiramente, como visto nesses autos?
66

Onde estão outros prontuários de outros pacientes com erros parecidos e em questões tão vitais, como tipo de anestesia, classificação, paciente com morte encefálica ou morte encefálica? Não vale apresentar prontuário depois, preclusa a oportunidade. Vê-se a relação (conluio) dos médicos da SANTA CASA com os do Pedro Sanches (grupo criminoso) às **fls.74/75 do apenso 31**, eram sócios-cotistas do Pedro Sanches e atuavam também na SANTA CASA: Gérsio Zincone (sócio do Pedro Sanches e réu no CASO 1), CARLOS EDUARDO VENTURELLI MOSCONI , JOSÉ JULIO BALDUCCI , Luiz Fernando ZINCONE, CRISTIANO REDHER (maçom), SAULO ZENUN, JOSÉ MARTINHO DO PRADO LUZ (maçom e Provedor da SANTA CASA), dentre outros (o réu SÉRGIO POLI GASPAR também atuou nos dois hospitais). Poderia até ser meros erros, coincidências fortuitas, se não fosse todo o "conjunto da obra": os fatos antecedentes; todos os casos descobertos e os casos não descobertos ou acobertados; as tentativas e as práticas de falsificação e engodo perpetradas por pessoas que se achavam acima do bem e do mal, se achavam inatingíveis; que queriam "brincar de ser deus", que decidiam quem iria viver e quem iria morrer; que só visavam o maior lucro, o mais rapidamente possível, como visto na sentença do CASO 1 e nesses autos. Já disse em processo conexo, sobre a forma de atuação da organização criminosa:

> **Funcionava mais ou menos assim (***modus operandi*** da organização), conforme visto nos outros casos citados e mesmo neste: o paciente entrava na Santa Casa – hospital referência na sub-região - (era internado), ficava na enfermaria geral, por quanto tempo o organismo resistisse (praticamente à míngua), mesmo que seu estado fosse grave, geralmente sob os cuidados de um neurologista ou outro médico qualquer (pouco importava, desde que mantidos os órgãos funcionando, pacientes traumatizados, geralmente com TCE ou AVC); quando ficava "bom para UTI" (ou**

seja, quase morto ou já em morte encefálica), era internado no CTI - para melhor monitorar o funcionamento dos órgãos de interesse do grupo – especialmente rins e córneas – mas também coração e fígado (que eram "doados" para colegas do Estado vizinho de SP ou remetidos para Belo Horizonte); no CTI, os intensivistas, urologistas e neurologistas "declaravam a morte encefálica" do paciente, que de paciente vivo, tornava-se "doador cadáver", momento que se transformava em objeto (se é que já não era antes, desde que entrava no "esquema criminoso") e tinha seu corpo repartido, de acordo com os interesses dos médicos, ou melhor, dos criminosos que se diziam "médicos".** A quadrilha fazia tudo para dar "aspectos de legalidade" aos seus atos criminosos, mas os rastros começaram a aparecer, pois depois de um tempo ficaram mais descuidados, como *soy acontecer*. Esqueciam de preencher corretamente o protocolo de morte encefálica **("critério recomendado...")**, usavam modelos defasados, não aguardavam os intervalos determinados, esqueciam de fazer constar nos prontuários a retirada de medicamentos depressores, etc. Tinham o cuidado de manter os prontuários "descuidados", pois assim dificultariam futuras investigações. Não assinavam ou colocavam o carimbo ou o CRM, faziam rasuras, deixavam de anotar condutas. Ainda assim, tudo faziam para convencer os pobres familiares a efetivar a doação dos órgãos, aproveitando da fragilidade que estavam acometidos pela perda recente de um ente querido. O plano parecia perfeito e os lucros eram cada vez maiores e com um *plus*: o reconhecimento social. (fls. 3695/3696 do vol.15 dos presentes autos).

É até compreensível que uma pessoa como o ilustre Procurador ADAILTON, com a cultura que tem, agora na posição de testemunha de defesa, diga que tudo não passou de um "erro formal", até mesmo para tentar minimizar a sua responsabilidade funcional de ter omitido da denúncia os principais réus, de tê-la produzido da forma que foi, tanto que erra mais uma vez, agora em juízo, ao dizer que todos os que atuaram após o segundo "raio-x foram enquadrados em outros tipos penais". Primeiro, que não houve o segundo "raio-x", *rectius*, a segunda arteriografia (de quatro vasos). Segundo, que o procurador se engana, de novo, pois não denunciou mais ninguém pelo Caso Pavesi. As providências que tomou estão descritas no relatório desta sentença na p.7, último parágrafo, após o relatório do delegado federal, que está às **fls. 1737/1758**, sendo que ignorou os indiciamentos dos réus. Denunciou sim, o pai da vítima, posteriormente absolvida, parte da sentença juntada aos autos (4ª Vara Federal de BH). É até compreensível que os réus do presente processo tentem imputar aos réus pronunciados, TODA a responsabilidade pela morte da vítima, pois isso é natural do ser humano, de se defender a todo custo, faz parte até do instinto de sobrevivência, por isso se mente a toda hora e em todo o momento. No CASO 1, os réus CELSO, CLÁUDIO e outros, tentaram jogar toda a culpa no peruano FELIX GAMARRA, o "bom para UTI". <u>Nada adianta aos atuais réus ficar citando a denúncia anterior, ou mesmo a decisão de pronúncia, pois a denúncia anterior contêm incorreções (cabendo aos jurados corrigi-las e a pronúncia nada mais é do que deixar ao júri que decida soberanamente sobre as questões postas</u>. Posso falar de cátedra sobre tal decisão pois fui eu quem a prolatei e ali já havia entendido a trama urdida, mas não era o momento para tratar de tal assunto). Isso não isenta os réus de suas responsabilidades pelos seus atos e omissões praticados que levaram a criança Pavesi à morte da pior forma possível. É só se colocar no lugar do outro: imagine seu filho sendo repartido, vivo, ainda que fosse para ajudar outros (mas se sabe que a intenção visada sempre foi tão somente o lucro desmedido, a qualquer custo). Sem os atos anteriores não se chegaria aos atos finais que tiraram a vida da vítima. A vítima, como nenhuma outra pessoa, não morreu várias vezes, como querem as Defesas, pois, como se sabe, só se morre uma vez[50]. Mesmo que se queira dizer, que pode ocorrer "morte clínica", morte cerebral, morte encefálica, parada cardíaca e respiratória,

---

50 A morte da vítima, para a família, ocorre várias vezes, enquanto houver impunidade.

tais ocorrências nada mais são (ou poderiam ser) etapas para a morte, seja em qual conceito for, médico, filosófico ou religioso e tais conceitos mudam. Até mesmo entre os médicos não há unanimidade sobre o tema "morte encefálica", muito ao contrário. Fugiria muito ao caso digressões mais aprofundadas sobre tais temas, razão pela qual serão anexados ao final alguns estudos da lavra de Cícero Galli, doutor e *expert* no assunto. Ficaremos nos fatos e no que consta dos autos e é aí que "o bicho pega". Por isso, nada há de "inusitado" no aditamento à denúncia, que nada mais fez que corrigir alguns erros e omissões, propositais ou não, diga-se. Pelos eventos já narrados nos "pressupostos" tudo indica que as omissões não foram tão inocentes ou derivadas de mera interpretação, como poderia parecer. Mas isso também foge ao objetivo agora em tela. Antes de analisar as provas subjetivas (testemunhais) até por serem mais frágeis, necessário o exame das afrontas à lei, ao seu decreto regulamentador, bem como às resoluções do CFM, por parte dos réus, deste e do outro processo, sem entrar no mérito do último, afeto ao Júri, como vem fazendo ostensivamente e indevidamente os nobres defensores.

Como bem explanado pelo digno órgão acusador no item 8.3 às fls. 4359 (numerada duas vezes com o mesmo numeral) e seguintes, **"Da ilegalidade da MG Sul Transplantes, do desrespeito ao Sistema de Lista Única de receptores e da prática do comércio de órgãos humanos na cidade de Poços de Caldas"** que trata do capítulo das provas documentais comprobatórias da autoria e materialidade (item 8, f.4355), deve se começar tal análise pela CENTRAL CLANDESTINA e ILEGAL. O réu CELSO SCAFI participou de sua constituição e das reuniões[51]. Veja-se:

---

51 Portanto, a análise das condutas dos réus não se restringe meramente `a sala de cirurgia, como pretende suas Defesas.

Primeiro, houve uma reunião em Poços de Caldas no dia 19.11.1999 onde ALVARO IANHEZ, CELSO ROBERTO SCAFI e JOSÉ JÚLIO BALDUCCI (cunhado do segundo) expuseram a representantes de várias DRS (Delegacia Regional de Saúde) da região o plano da organização "MG –Sul Transplantes" (que não tinha nem CNPJ), notando-se que não compareceu e foi contra a reunião o representante da DRS Pouso Alegre/MG. Os maiores expositores foram IANHEZ e CELSO SCAFI (fls. 636/637 dos autos citados); em uma carta endereçada a um deputado, datada de 4.12.2000 (f. 638/641) IANHEZ resume as "vantagens" do MG-Sul: "pessoal treinado e preparado com experiência na área de transplantes; presença de pessoal com grande experiência na área de Captação de Órgãos; presença de um laboratório montado e capacitado a realizar exames de imunologia dos transplantes (Laborpoços, CGC 02.525.748/0001-33, de propriedade de um ex-prefeito cassado de Alfenas, cidade vizinha, JOSÉ WURTEMBERG MANSO, RT Angélica de Lima, funcionando desde 1997, ainda sem autorização pela SAS/MS, que recebia pagamentos diretamente da Santa Casa, dados da Auditoria 33/00 do MS[52]); apoio da Prefeitura local por intermédio da secretaria de saúde; apoio das Associações aos Renais Crônicos (denominada PRO RIM, criada em 1998, sob os auspícios de MOSCONI, pelo advogado da Santa Casa, SÉRGIO ROBERTO LOPES e cujo presidente é LOURIVAL DA SILVA BATISTA, primeiro transplantado de Poços, operado por MOSCONI, associação ainda atuante) e apoio de grandes serviços de transplantes como a Universidade de São Paulo e Universidade de Campinas" (as observações entre parêntesis são minhas). **Sobre o Estatuto da Associação PRO RIM: "Seção II Dos direitos e obrigações dos sócios art. 4º São direitos dos sócios (...) IV- beneficiar-se dos serviços da PRO RIM e ter prioridade nos tratamentos onerosos e sofisticados (leia-**

---

52 Dados que podem ser encontrados e consultados no Relatório da CPI, Anexo VII, p. 220 e ss, especificamente à f. 227.

se TRANSPLANTES) art. 5° São obrigações dos sócios: II-Estar em dia como os cofres da instituição. (...) VI- Tomar conhecimento das listas de receptores de transplante renal". LOURIVAL era quem controlava a lista de espera, excluía quem não estivesse em dia com as mensalidades e ainda tinha acesso aos prontuários médicos dos doadores, o que é proibido por lei. Também consta que IANHEZ e seus colegas faziam propaganda de transplantes, o que é conduta vedada. Além de vários outros documentos, vê-se às fls. 661/669 do processo que tramitou na Justiça Federal a tão famosa (e sempre negada) LISTA ÚNICA DE POÇOS DE CALDAS[53], com nomes, cidade de origem (vê-se que era interestadual), idade, tipo sanguíneo e início da diálise[54].

Do Anexo VII do relatório da CPI (apenso 23 dos presentes autos), se extrai um documento interessante das investigações da Procuradoria Federal. Confira-se, pois é importante para a elucidação do presente caso:

> É necessário citar um texto da lavra de um Procurador Federal de Minas Gerais, citando uma Ação Civil, onde abusos são descritos, extraído no bojo da ação penal n. 2002.38.00.033566-4, 4ª Vara, já citada:
> "1- Dos fatos em geral. Foi instaurado o anexo Inquérito Civil com o objetivo de se verificar o funcionamento do sistema de transplante de órgãos ou enxertos de tecidos, órgãos ou partes do corpo humano (em vida ou *post mortem*) neste Estado. A instauração se deu a partir de denúncia encaminhada ao Ministério da Saúde relativa a eventual irregularidade que teria ocorrido no procedimento de doação de órgãos do menor PVP, na cidade de Poços de Caldas-MG.(...)"-segue a descrição minuciosa do caso- "11. Diversas irregularidades foram

---

53 Parte de tal "lista" ainda pode ser vista à f. 231 do Anexo VII, Relatório de Auditoria n. 33/00 do Ministério da Saúde, Departamento de Controle e Avaliação de dezembro de 2000, no bojo do Relatório Final da CPI do Tráfico de Órgãos.
54 Sentença CASO 1, fls. 3670/3671, pg.11 e 12.

apuradas, podendo-se citar dentre outras: **a ausência de registros e claras anotações médicas no prontuário do menor quando esteve internado no Hospital Pedro Sanches, o desaparecimento do exame de tomografia computadorizada, a inexistência de registro claro acerca do detalhamento da neurocirurgia realizada, a contradição entre as anotações da enfermeiras e médicos no prontuário, a existência irregular da entidade "MG-Sul Transplantes", a irregularidade das listas de receptores de órgãos (listas não oficiais e interestaduais), o comprovado envio de córneas do menor PVP para o Estado de São Paulo (revelando com isso, a transferência ilícita de órgãos e o desatendimento à lista oficial),as vultosas quantias doadas à entidade "MG-Sul transplantes" (v. fls. 1378/1382 e 1560/1561 do IC),** as inadequadas condições sanitárias detectadas tanto no Hospital Pedro Sanchez quanto na Santa Casa, as inexplicáveis e desconcertantes omissões dos gestores do SUS e do Sistema de Transplantes-<u>nos âmbitos estadual e municipal-</u> na efetiva fiscalização e controle das respectivas atividades sob suas responsabilidades, omissões essas reveladas, sobretudo na não adoção de medidas corretivas das distorções que deveriam saber ocorrentes. (...) **13- Constatou-se que a entidade "MG-Sul Transplantes" era irregular. Apesar disso, o aluguel do local onde funcionava era custeado pela Santa Casa (f. 17 do IC) e realizava as mesmas funções atribuídas à CNCDO**. Do relatório da auditoria realizada pelo DENASUS extrai-se o seguinte: 'Não apresentou à equipe documentos comprobatórios da autorização da SES/MG para o funcionamento da Central, funcionando sem autorização formal e sem os devidos credenciamentos junto à Coordenação Estadual de Transplante e junto ao Sistema Nacional de Transplantes- Nível Central (SAS/MS), contrariando o estabelecido na PT/SAS/MS 294/99 quanto ao cadastramento'(f. 16 do IC). Ademais, no documento de fls. 1529, expedido pela Secretaria de Assistência à Saúde-SAS, órgão do Ministério da Saúde, lê-se o seguinte:'1-A dita CNCDO-**MG Sul Transplantes está funcionando de forma ilegal na medida em que não existe nenhum ato formal da Secretaria Estadual da Saúde que a constitua, fato este inclusive relatado** pelo **Dr. Álvaro em sua citada correspondência(...)**' Essa entidade era controlada e dirigida pelo mencionado nefrologista Dr. Álvaro Ianhez, o qual era também o responsável técnico pela equipe médico-especializada de transplante na Santa Casa. Ora, **essa acumulação de tarefas afigura-se-nos como pouco ética,** pois, obviamente, quem controla a entidade de captação e distribuição de órgãos humanos para fins de transplantes não deveria presidir a equipe médica que realiza as cirurgias! Às fls. 2307 há o seguinte registro no relatório de auditoria produzido pelo DENASUS: 'a)a equipe de auditores considerou a data de 21 de setembro de 1998 como início do período em que o Dr. Álvaro Ianhez 'se fazia passar pelo representante da Central de Transplantes de MG,(...) **21- Relativamente à <u>Santa Casa de Misericórdia</u> deve-se dizer, primeiramente, que mantinha relações com uma Central de Notificação, Captação e Distribuição de Órgãos Regional irregular, chegando mesmo a financiar o aluguel da área física em que tal entidade funcionava (v.fl.17). E com isso mantinha um negócio lucrativo, pois detinha autorização para realizar cirurgias de transplantes de rins, sendo, por esse serviço e pelos serviços conexos a esse, <u>altamente remunerada pelo SUS. Os valores, é bem de se ver, são vultosos</u>.** Convém frisar que as CNCDOs (sejam elas regionais ou não) são órgãos públicos, da administração direta do Estado, vinculados diretamente à Secretaria Estadual de Saúde e integrantes do Sistema Nacional de Transplantes-SNT. (...)21-1 Outro ponto que merece consideração é o fato de a <u>Santa Casa e a respectiva equipe médica terem realizado transplantes até o dia 16.11.2.001, nada obstante suas autorizações estivessem vencidas desde 23.7.01</u> (...)" [55]. (Negritei)[56].

Como bem afirmou o *parquet*, **"Por conseguinte, a captação e a remoção dos órgãos de Paulo Pavesi, gerenciadas pela MG Sul Transplantes, são procedimentos eivados de ilegalidade"** (f. 4359). Por

---

55 Tais fatos, especialmente os referentes à auditoria nos hospitais citados, estão descritos no Relatório da CPI, especificamente no Anexo VII, como se verá adiante.
56 Op. Cit. fls. 3671/3673 do vol. 15 dos autos.

óbvio, que tais fatos ora narrados incriminam a todos os três réus, a quadrilha tinha extensas ramificações e vários níveis, fatos ainda pendentes de investigação séria. Confira-se o que asseverou o ilustre Promotor de Justiça, Dr. Joaquim José de Miranda Júnior, em manifestação no CASO 1, sobre a existência da QUADRILHA, ainda em apuração:

> Pugna, ainda, que cópias destes autos seja enviadas à Depol para que continuem as investigações pois, ao que parece EXISTIA UMA QUADRILHA DE CAPTAÇÃO E TRANSPLANTES IRREGULARES DE ÓRGÃOS HUMANOS – EM ESPECIAL RINS E CÓRNEA- ATUANDO DENTRO da SANTA CASA de Poços de Caldas (...). Ademais, **existem vários outros inquéritos/processos acerca desse mesmo tipo de crime tramitando nesta Comarca,** envolvendo diversos profissionais. (...). (f. 3622 do vol. 15 dos autos).

O mesmo Promotor de Justiça, então Coordenador do CAOCRIM, afirmou em outro dos casos (o CASO 8, vítima JMB), agora mencionando a Organização Criminosa que atuava (atua) em Poços de Caldas:

> **Pode-se afirmar QUE A EXISTÊNCIA DE UMA ORGANIZAÇÃO CRIMINOSA FORMADA POR MÉDICOS QUE TRAFICAVAM ÓRGÃOS HUMANOS nessa cidade já restou AMPLAMENTE DEMONSTRADA EM OUTROS AUTOS- disto não temos dúvidas (...). (f. 3623).**

Tinham eles (os réus aditados) a obrigação de verificar a legalidade dos atos antecedentes aos seus atos médicos, na melhor das hipóteses. E mais. Eles participavam ativamente das atividades dos transplantes, CELSO e CLÁUDIO, inclusive faziam parte da equipe, como documentado nos autos,

SÉRGIO tinha estreito contato com eles e estava todos os dias na SANTA CASA (além de ter feito parte do corpo clínico do PEDRO SANCHES, da mesma forma que MOSCONI, este sócio-cotista e o Provedor da SANTA CASA José MARTINHO DA LUZ, também sócio do Pedro Sanches). Pouco importa que SÉRGIO estivesse de plantão, pois o rendoso esquema dos transplantes era conhecido a fundo por todos os médicos que atuavam especialmente na SANTA CASA (os demais anestesistas, aos menos os que participavam dos transplantes certamente tinham conhecimento do que se passava ali, tanto que também sabiam do organismo MG-SUL TRANSPLANTES, comandado por ALVARO IANHEZ e MOSCONI). Veja o artigo:

> A ONG MG SUL Transplantes foi criada em 1991, conforme artigo veiculado no Jornal Brasileiro de Transplantes, vol. 1, n.4: "Autores A.Ianhez, C.R.C Fernandes, C.E.V.Mosconi, S.Zenun, M.M.R.Bertozzi, J.A.C.Brandão, S.V.Vargas, C.F.Scafi Irmandade da Santa Casa Objetivos: Mostrar o trabalho realizado no serviço, em conjunto com hospitais da região do sul de Minas, que facilitou a captação de órgãos e a realização de transplantes renais e de córneas, viabilizando a regionalização destes serviços e, em conseqüência, a formação do MG SUL TRANSPLANTES, que há 8 anos vem funcionando como uma ONG (organização não governamental).(...)". Curiosamente, a maioria dos autores viraria investigado ou réu[57]...

Conforme venho demonstrando à saciedade -e ainda o farei por diversas vezes- NÃO HOUVE a realização de arteriografia de quatro vasos na SANTA CASA ou em qualquer outro local provando que a vítima tenha chegado morta no hospital, indicando a sua ME, o que pode ser comprovado pela falta das chapas, do laudo (provados pelas auditorias e ouvida dos auditores, diversas vezes), das discrepâncias nos horários (demonstrado inclusive na ouvida de

---

57 F. 24 da Sentença CASO 1, nota de rodapé n.7, f. 3683 do vol. 15 dos autos.

76

JEFERSON SKULKI na CPI e em audiências, outras testemunhas, o laudo forjado continha horário diferente do que indicou SKULKI, nenhuma pessoa presente no centro cirúrgico viu os médicos manipulando exames). Veja o que disse o MP à "f. 4359" (a folha seguinte também foi numerada incorretamente como "4359", ou seja, duas vezes):

> **Em relação aos exames médicos e prontuários da criança Paulo Pavesi, insta salientar que não foram localizados, pela auditoria do Ministério da Saúde, as radiografias e a tomografia ou mesmo os laudos nos arquivos da Santa Casa, Hospital Pedro Sanches e central de captação (fls. 45 do vol. 1), para fins de comprovação das alegações de defesa dos réus.**

Como já disse e reafirmo: eu próprio, juiz desse caso e do processo do júri, NUNCA vi tais chapas em nenhum dos autos mencionados e conforme certificado nos autos (f.4508 do vol.18) também não se encontram nas dependências da Secretaria. Nunca apareceram realmente. Os deputados da CPI do Tráfico de Órgãos não viram tais chapas (pelo fato de serem inexistentes), sendo que, como se verá adiante, as chapas (em número de sete) apreendidas na ação que Paulo Pavesi, pai, moveu contra o Hospital Pedro Sanches (**apenso 31**) eram da arteriografia de DOIS VASOS, como comprovado por laudo pericial acostado no vol. 7 dos autos. A base das Defesas (com pés de barro) se escora neste suposto exame (de quatro vasos), de modo a livrar os réus de suas responsabilidades de retirarem órgãos de uma pessoa viva, causando-lhe a morte, como sustenta a ilustre Acusação. Esta é a tese do MPE, que não se coaduna com o entendimento equivocado do Procurador ADAILTON (MPF), já amplamente enfocado. Este magistrado entende que a tese correta é do Ministério Público Estadual (MPE), esposada pela primeira vez pelo digno Promotor de Justiça JOAQUIM JOSÉ, razão pela qual a condenação dos réus, como disse, é de rigor, sendo uma obrigação que não tenho como fugir, dadas as extensas provas carreadas aos autos. Para que não haja qualquer dúvida, nem qualquer alegação leviana por parte das Defesas, não será preciso fazer uso das declarações dos réus para as suas condenações (pois desnecessário, tal o volume de provas). Mas os interrogatórios neste processo e as declarações prestadas por dois dos réus no CASO 1 são legítimas e legais, da mesma forma que as prestadas perante a CPI ou na fase inquisitorial, estando todos acompanhados de advogados todo o tempo. Tais declarações também não têm o condão de absolvê-los, pelos mesmos motivos já declinados (volume de provas em contrário, que os incriminam).

Às fls. 21/22 do **apenso 1, vol.I** se vê um **"protocolo para diagnóstico de morte encefálica"** correto, nos termos da Resolução CFM n. 1480/97, corretamente preenchido, pertencente a um Hospital de Pouso Alegre. Às fls. 23/24 do mesmo apenso 1, se vê o **"critério recomendado para o diagnóstico de morte cerebral"**[58] do BANCO DE OLHOS E DE ÓRGÃOS DO SUL DE MINAS (MG-SUL TRANSPLANTES), que não atende os requisitos da resolução do CFM, citando "crit care méd, 6:284-291 de 1978" (?), portanto, muito defasado.

Ao contrário do que diz a culta Defesa à f. 4475 (réus CELSO e CLÁUDIO) não foi o "engodo em que consistiu o exame clínico tendente à constatação da morte encefálica" e nem a "precocidade de lhe ser atribuída a característica de potencial doador" (ambas no Pedro Sanches) que levaram a vítima à morte, tampouco o "abandono terapêutico pleno e absoluto na noite do dia 20/04 e toda a manhã do dia 21/04/2000". Muito menos ainda tal morte teria sido "afinal registrada nas chapas da segunda arteriografia, realizada na Santa Casa de Misericórdia", como consta na denúncia original (f.21), pois tal exame complementar NUNCA foi feito e não está plenamente comprovado nos autos, como visto. Sobre tais falhas do MPF muito já foi dito, da mesma forma, sobre

---

58 Este "critério" do MG-SUL foi exaustivamente analisado na sentença do CASO 1.

as mentiras e fantasias ditas por JEFERSON SKULKI (desmascarado na CPI do Tráfico de Órgãos), conforme veremos quando do exame das provas testemunhais. No momento, nos contentaremos com o que já foi apontado.

A questão do apontamento feito pelo réu CELSO SCAFI "sem morte encefálica", jamais poderá ser tida como "ultrapassada", como quer sua Defesa (f.4476). É compreensível tal réu dizer em sua autodefesa que escreveu na papeleta "**em** morte encefálica". O problema é que depois dos estudos de FREUD fica mais difícil explicar os atos falhos (subconsciente). Maior problema ainda quando se constata no apenso ao volume 17, a edição da Revista CartaCapital de 8 de maio de 2002, a matéria denominada "A TRAGÉDIA E A FARSA", também citada pelo MP em seus memoriais à f. 4324. Ali há vários tópicos, um deles titulado "Paciente vivo tratado como doador", com esclarecimentos do médico **Luiz Alcides Manreza**, neurologista da USP, relator do protocolo de morte encefálica do CFM; a mesma opinião foi externada pelo médico Paulo César Pereira de Souza, chefe de UTI no Hospital de Clínicas de Niterói; a também médica Laís Fieschi Ferreira, coordenadora do Hospital São Luiz, em São Paulo, declarou: **"Não vejo como justificar a transferência de um paciente vivo com o único objetivo de levá-lo para uma instituição autorizada a realizar a remoção de seus órgãos para transplante"** (f. 27 da revista CartaCapital, apenso do vol. 17).

Em outra seção, "VERBAS SUSPEITAS E "DOAÇÕES", da mesma revista, há a indicação do tráfico de órgãos e à p. 28 há referência ao "sem ME":

> À Polícia Federal, o médico disse que escreveu "com" e que aquilo parece um "sem" porque sua letra seria "muito feia". Consultado por CartaCapital, o **perito Sebastião Edson Cinelli** comparou a descrição com outras anotações feitas por Celso Scafi no mesmo documento e garantiu que ali está escrito "sem" e não "com" ME (veja a reprodução

acima). Se Paulinho estivesse mesmo sem morte encefálica, estaríamos diante de um homicídio. (Destaquei).

Quanto ao depoimento da testemunha ADAILTON RAMOS DO NASCIMENTO (mencionado pela Defesa dos dois réus à f. 4477), também foi citado pelo MP à f. 4338, dizendo que a citada testemunha "explicou perante o juiz a sua CONVICÇÃO do momento da morte de PVP". Nada mais do que isso: a convicção de uma pessoa, que pode não ser a de outra, mesmo que faça parte do MP. Diz ainda a Acusação, com alguma razão, que ADAILTON acaba traindo a sua convicção ao confessar a presença de autoria e materialidade ao dizer que "todos que atuaram posteriormente ao segundo raio-x" (denunciando as condutas dos três réus) "em outros tipos penais". Para o MPE e também para este magistrado, "os outros tipos penais" se resumem em apenas um, o previsto no **§ 4o do art. 14 da Lei n. 9.434/97**. Concluiu o *parquet*, com maestria, este tópico:

> Todavia, em que pese a opinião do MPF, **ficou demonstrado de forma robusta, após a instrução probatória no processo originado pelo oferecimento da denúncia retromencionada**, que o menino Paulo Veronesi Pavesi ainda estava vivo quando encaminhado para a cirurgia de extração de seus órgãos, e que a alegação defensiva do Celso Scafi de equívoco quanto ao registro "DDH -sem ME" não foi convincente.(f.4339, memoriais do MP, destaques originais).

Não se trata de uma opinião qualquer, a acima citada e sim do parecer, da conclusão embasada e após longa instrução processual de um profissional da estatura do atual Coordenador do CAO CRIM na Capital do Estado de Minas Gerais, membro do MPMG, sem demérito algum para com opiniões em contrário. Já a **opinião do MPF foi feita antes de qualquer cognição (ainda que sumária),** pois o processo ainda não havia se iniciado, se tratando meramente de uma denúncia (peça de ingresso) que poderia até mesmo ser rejeitada de plano. Mas poderia se argumentar (como se argumentou) que houve uma decisão de pronúncia (confirmada pelo TJMG, mas ainda em grau de recurso). Ora, já afirmei alhures que mesmo pronunciados os outros réus, se trata de mera admissão para julgamento pelo Tribunal do Júri, nada mais.

Somente para registro, realmente é notável a memória de ADAILTON para depois de mais de doze anos se lembrar de dois exames radiográficos do crânio da vítima, quando na verdade foi feita uma TOMOGRAFIA e uma ARTERIOGRAFIA (a primeira em uma clínica particular e o segundo exame no Pedro Sanches). Certamente o Procurador se enganou: o segundo "raio-x" negativo nunca foi feito, este sim foi o MAIOR ENGODO das equipes médicas da SANTA CASA. Caberia uma singela indagação: se a criança estava viva no Pedro Sanches porque a central clandestina de captação foi acionada? Existe outra prova cabal das mentiras: o **documento à f. 184 do vol. 1**, fornecido pela própria SANTA CASA de admissão de pacientes/ficha de internação (DADOS CADASTRAIS DO CLIENTE, DADOS DA INTERNAÇÃO ATUAL) **indica que a hora em que a vítima foi internada em tal hospital- 18:13 do dia 21/04/2000**. Como poderia ter sido internada às 18h13min e ser submetida a arteriografia de quatro vasos, "padrão ouro", às 13h, como diz o radiologista JEFERSON SKULKI? Mais uma prova incontestável da mentira em padrão FIFA, digo Ouro: o **apenso 31** se constitui na ação de indenização movida por Paulo Airton Pavesi contra o Hospital Pedro Sanches perante a 2ª Vara Cível de Poços de Caldas; se vê à f. 222 (não numerada) que a advogada do Pedro Sanches, Fabiana Castellano, (Escritório Cardillo e Associados) informa ter recebido em 14/02/2002 (no dia ou a poucos dias da morte do administrador da Santa Casa) 7 (sete) chapas do exame de arteriografia e uma chapa de exame de tórax de PVP, exames realizados no Pedro Sanches em 19 e 20/04/2000, enviados pela SANTA CASA (o documento é assinado por REGINA CIOFFI, diretora técnica); CIOFFI ainda informou que tais chapas estavam sem o laudo. Às fls. 225/226 há um ofício do Delegado Célio Jacinto endereçado ao juiz Antonio Pereira Gatto, da 2ª Vara Cível, requerendo os exames citados, cita expressamente o procurador ADAILTON (diz JACINTO que ADAILTON teve acesso aos autos de indenização e que a radiografia e a arteriografia forma juntados ao processo pelo Hospital Pedro Sanches); ainda menciona que um perito desconfiou que as radiografias não batiam com as do laudo de exumação. Vê-se que tudo não passou de armação, de uma farsa. As famosas chapas do exame de arteriografia da SANTA CASA nunca foram feitas, pois se trata, na verdade, das chapas do exame de arteriografia de dois vasos (punção pelas carótidas) feito no Pedro Sanches (**sete chapas** citadas no documento da SANTA CASA, de REGINA CIOFFI). Foi por isso que a CPI, tal qual este magistrado, NUNCA VIU as chapas de quatro vasos: **"A CPI não teve acesso à segunda arteriografia, pois não recebeu do juízo competente cópias dos documentos objeto de busca e apreensão" (f. 95, apenso 23, Relatório da CPI).** Porque a 2ª Vara Cível de Poços não se interessou de remeter os documentos para a CPI? Não remeteu porque se o tivesse feito a trama teria sido descoberta ali mesmo e não agora. É por isso que CELSO SCAFI tanto se confundiu quando tentou afirmar que havia a 2ª arteriografia feita na SANTA CASA (quando brandiu cópia de um envelope vazio e foi advertido pelo Deputado Rubinelli que poderia responder por crime de falso testemunho (f.93 do Relatório da CPI, apenso 23) e depois "despistou": "poderia ser que não estivesse" (as chapas, com a PF), respondendo à Dep. Laura Carneiro (f.94), passando a mencionar as anotações que fez *a posteriori* na "descrição do ato cirúrgico", onde está também a famosa inscrição "SEM ME" (fls. 90/95).

A notável e incrível conclusão do Procurador ADAILTON de "erro formal de Celso Scafi" quanto à grafia do "sem ME" dispensa comentários, se tratando mais uma vez de uma "opinião", para não dizer palpite infeliz. Quanto à suposta

82

questão de lógica, afirmada pela Defesa à f. 4478, de que um criminoso "jamais iria produzir uma prova documental contra si", cai por terra, pois os criminosos que agiam a tanto tempo impunes, acreditavam mais do que nunca não só na impunidade, como que "tinham as costas quentes".

Também já foi dito sobre o subconsciente muito estudado por FREUD e sabe-se também que existem alguns criminosos (os *serial killers*) que sempre tentam se entregar, ainda que inconscientemente, sem contar que "o criminoso sempre volta ao local do crime" e sempre acaba se entregando por um detalhe, pois não existe o crime perfeito. Portanto, sem nenhuma validade os esforçados apontamentos da douta Defesa às fls. 4478/4481 no tópico "A morte encefálica do doador comprovada pela segunda arteriografia de quatro vasos", que se louva das deslavadas mentiras perpetradas pelo ilusionista JEFERSON ANDRÉ SAHEKI SKULKI, como visto pessoa mais que interessada em defender a IRMANDADADE DA SANTA CASA, que lhe pagava generosamente e sem mesmo efetuar os descontos legais. Mas esse senhor não pode deixar de confirmar, a muito contragosto, que: os medicamentos sedativos podem interferir no exame clínico, "não sabendo contudo maiores detalhes"; perguntado se um exame clínico fora dos padrões de constatação de morte encefálica fixados pelo Conselho Federal de Medicina macularia o processo como um todo, o depoente respondeu que "depende, se o exame clínico foi feito de forma incorreta, o exame angiográfico não ocorreria" (f.4112, citado pela própria Defesa). O arguto **representante ministerial** asseverou, com toneladas de razão, sobre o assombroso depoimento de SKULKI:

> Por meio de breve leitura, constata-se que, ora Jéferson confirma uma declaração, ora ele apresenta incerteza nos mesmos dizeres. A completar seu espantoso depoimento, Jéferson se referiu ao Dr. José Luiz como cliente (...) (f. 4330, memoriais do MP).

Foi exatamente o caso dos autos. O exame clínico (ainda no Pedro Sanches, infringiu todas as normas tanto do CFM, quanto da legislação federal), a vítima estava massivamente sedada, não foram feitos os dois exames clínicos com o intervalo de no mínimo 6 horas (o espaço para o segundo exame estava em branco), o médico não era neurologista à época (ao menos pelo que consta nesses autos, vide relatório desta sentença). Por isso também não houve o segundo exame de arteriografia, apenas a simulação e depois, alguém teve um "estalo" e **resolveu sair falando que as 7 chapas** que tinham sido feitas no Pedro Sanches (arteriografia de dois vasos) e juntadas no processo da 2ª Vara Cível eram as chapas ("raio-x" para ADAILTON) da suposta arteriografia de quatro vasos que nunca foi feita e por isso nunca foi encontrada ou vista. Também por isso pouca importa se a arteriografia de quatro vasos é ou não eficiente no prognóstico da morte encefálica (como disse JOSÉ OSMAR MEDINA, presidente da ABTO e, portanto, pessoa suspeita para emitir opiniões), pois nunca foi feita, não ficou comprovada a sua realização, se fiando tão somente nas palavras de um médico radiologista para lá de suspeito e terá que responder pelo delito de falso testemunho ou fraude processual. A vítima estava viva, não havendo que se falar em "impropriedade do objeto", como quer a Defesa. Esta chegou ao extremo de dizer que os seus defendentes estavam "operando um cadáver", em afirmativa de cunho ofensivo (SKULKI disse: "Paulo Veronesi, antes de ser submetida a angiografia por parte do depoente estava na condição de 'potencial doador de órgãos' e não doador-cadáver'"). Ora, não foi o que pareceu, na prática, pois mesmo saindo vivo do Pedro Sanches, apesar de tudo que sofreu ali, desde o início foi tratado sim como doador-cadáver, tanto que foi operado como cadáver, como a própria Defesa confessa, ainda que vivo estivesse). Dadas tais afirmativas levianas, já é chegado o momento de se iniciar a análise das provas subjetivas (testemunhais), produzidas em audiência, que deverão ser cotejadas com o

84

que foi dito na fase inquisitorial e na CPI (que tem força de ato jurisdicional), para se verificar sua veracidade ou contradições.

É preciso que se faça o registro que durante a Audiência cuja ata se encontra à f. 4085 do vol. 16, que não escapou a este magistrado, durante a ouvida da testemunha DILZA, que o anestesista e réu SÉRGIO POLI mudou-se de lugar no banco dos réus para ficar em posição perpendicular a tal testemunha, encarando-a, na tentativa de intimidação. Também os advogados acintosamente procuraram intimidar a testemunha, razão pela qual, como Presidente da Audiência (com poder de polícia, conforme a legislação processual penal) determinei providências constantes da Ata, dentre elas passou-se a filmar a audiência, o que evitou novos constrangimentos. Porque citados expressamente pela ilustre Defesa dos réus CELSO e CLÁUDIO, vou principiar pelos depoimentos de JEFERSON SKULKI[59] e OMAR MEDINA.

A primeira vez que JEFERSON SKULKI, (conterrâneo de MOSCONI, pois também natural de São Paulo, capital), foi ouvido foi no dia 20.3.2002 perante o delegado federal Célio Jacinto, como se vê às fls. 1488/1490. Disse, dentre outras coisas que: no dia 21.4.00 recebeu uma ligação, **sem saber de quem partiu**, "noticiando que haveria a realização de uma arteriografia de um paciente internado no HOSPITAL PEDRO SANCHES, orientou o comunicante a retornar a ligação quando o paciente estivesse na SANTA CASA DE MISERICÓRDIA"; "que mais ou menos DEPOIS DAS 13 HORAS, foi acionado para a realização da arteriografia"; disse que o paciente estava acompanhado da enfermagem e do Dr. José Luiz Gomes da Silva; que o paciente estava entubado; "que, o exame encerrou-se em torno das 17 HORAS e após isso, apresentou as chapas ao Dr. José Luiz Gomes da Silva e ao Dr. Álvaro, passando-lhes o resultado VERBAL do exame; "que, encerrado o exame foi-se embora, até que provavelmente, no final do ano 2000 foi procurado por ALGUM FUNCIONÁRIO DA SANTA CASA, o qual solicitou a elaboração do laudo

---

59 Já tão comentado, a "estrela da companhia".

referente à angiografia de PAULO PAVESI (...)"; "que, o Dr. ALVARO **possivelmente** acompanhou a arteriografia" "que, desconhece se o paciente estava medicado com droga vasoativa ou se havia recebido algum medicamento sedativo"; que da Resolução 1480/97 só leu o que o interessava. SKULKI titubeou todas as vezes que lhe foi perguntado quem lhe solicitou os laudos, também sempre titubeou ao ser perguntado quem lhe telefonou avisando para que comparecesse a SANTA CASA para fazer o suposto exame. E por quê? Porque nunca foi lá para fazer arteriografia alguma no menino (por isso também não soube dizer se a vítima estava com curativo ou não). Veja-se que neste processo, nada é mero acaso, mera coincidência. No **apenso 31** citado, fls. 221 e 222, vê-se a juntada das 7 chapas da arteriografia de **dois vasos** e uma radiografia do tórax de PVP, exames realizados no HOSPITAL PEDRO SANCHES nos dias 19 e 20.4.00, sendo as datas dos documentos 14/04/02, com apenas 15 dias de diferença para a ouvida de JEFERSON SKULKI, denotando que foi tudo preparado e arquitetado: as declarações e o milagroso suposto aparecimento das chapas da arteriografia. Mas somente apareceram (supostamente) as chapas da arteriografia de dois vasos e não aquela mencionada por SKULKI. Se SKULKI mostrou alguma chapa de arteriografia de quatro vasos para o delegado, tal exame não era da criança PAVESI, pois os que foram "encontrados" na 2ª Vara Cível eram do PEDRO SANCHES e **não** foram feitas no dia 21/04/00.

Às fls. 95/100 do **apenso 23** (Relatório da CPI do Tráfico de Órgãos), quase dois anos após seu primeiro depoimento, JEFERSON SKULKI tenta explicar as discrepâncias, especialmente nos horários, aos deputados, sem convencer e sem muito sucesso: disse que chegou na SANTA CASA às 14 HORAS e terminou o exame por volta das 16 HORAS; confirmou que fez o laudo do suposto exame OITO MESES depois (f.96); disse que não se recorda de quem da SANTA CASA lhe pediu para elaborar o laudo (f.97); o deputado e relator da CPI estranha o fato do laudo ser feito tanto tempo depois (fls. 97/98) e SKULKI tenta se explicar, que era uma SEXTA-FEIRA SANTA... O deputado PASTOR PEDRO RIBEIRO matou a charada, dizendo expressamente que uma coisa eram as chapas do exame feitas no PEDRO SANCHES e outra, era do suposto exame (nunca apareceram nos autos), necessária a transcrição:

O SR. DEPUTADO PASTOR PEDRO RIBEIRO- **É porque existem , doutor, dois blocos, dois jogos de chapas. Existem as que foram realizadas no Pedro Sanches e existem as provenientes do seu trabalho.** Eu tenho aqui esse processo do Ministério Público Federal de ação civil pública de improbidade administrativa. Ah, mas é outra coisa. Mas aqui na caminhada deles vão descrevendo o caso, aí entram nessa história do Paulo Pavesi. Bem aqui diz assim: "Por volta das 13"-eu ainda quero falar com o senhor isso, sobre o horário- "18h35min daquele mesmo dia, no Hospital Pedro Sanches, foi realizada uma angiografia em um dos vasos do menor, não tendo esta constatado sua morte cerebral, dada a presença, tal, tal". Ai ele sai: "Quando, por volta das 13h"-13 horas- "foi transferido para Santa Casa de Poços de Caldas, **sem o registro de alta médica**", até o médico aproveitou para dizer que era para continuar o processo lá, para ficar o mesmo médico (...) Aprendi muita coisa dessa coisa de Medicina. Como é que um cidadão está sendo atendido num hospital e vai para outro sem alta médica? Então, hoje foi justificado que era para dar continuidade lá. Mas aqui diz? "...sem alta médica, a fim de, conforme alegado, realizar nova arteriografia, desta feita, nos quatro principais vasos que vão ao cérebro. **Dúvidas surgiram em torno dessa segunda arteriografia...**"-que é o caso de que estamos tratando – **"pois:um, sua expressão gráfica desapareceu"**. Hoje foi dito aqui, inclusive foi lido que realmente elas estão – nós estamos já solicitando para ver isso aqui- lá com a Polícia Federal. **Dois mil e dois. E até ali dizia que a expressão gráfica havia desaparecido.** No laudo apresentado pela SANTA CASA, figura o horário, doutor. Ouça isso, por favor, por favor, das 13h35. <u>**O senhor acabou de nos dizer que foi chamado por volta das 13h, chegou lá às 14h, e disse que para se fazer uma angiografia dessas demanda de 1 hora a 2. E no caso**</u>

87

dessa aqui, o senhor usou 2 horas. Então, de 14h...o senhor disse que começou às 14h e terminou às 16h. como se explica?

O SR. DEPUTADO PASTOR PEDRO RIBEIRO- **Mas, doutor, a criança saiu do Hospital Pedro Sanches às 13h, o senhor foi chamado, chegou lá às 14h. E o seu laudo disse que foi às 13h e 35min.**

O SR. DEPUTADO PASTOR PEDRO RIBEIRO- **O senhor não estava nem no hospital, doutor**." (fls. 99/100, negritei).

Pois bem, depois de ser desmascarado perante a CPI, JEFERSON SKULKI ainda teve a coragem de vir a juízo e ainda falar o que disse às fls. 4111/4113. É muito descaramento, com o perdão da palavra, mais não existe outra no vernáculo para descrever o que se ouviu. Vejamos: descreveu um exame de angiografia de quatro vasos, o que não significa muito, qualquer radiologista pode fazer isso (até a pediatra REGINA CIOFFI fez a mesma descrição, como visto); disse que o exame **não teve maiores dificuldades** técnicas ou "intercorrências"; que não sabe dizer se o laudo à f. 223 foi feito antes ou depois da auditoria na SANTA CASA, somente que foi no feito no final de 2000; **não soube explicar porque o laudo constava como emitido em 21/4/2000;** disse <u>ter conhecimento de que no prontuário do paciente em que se constata a morte encefálica devem ser mantidos os documentos que a comprovam por cinco anos pelo hospital que realiza o transplante</u>; disse que entregou as chapas para o Dr. José Luiz, após os exames; disse não saber dizer se tal médico trabalhava na SANTA CASA à época dos fatos; que não sabe quem removeu a criança da radiologia até a sala cirúrgica, que "fica bem longe"; não soube dizer **se a criança tinha alguma lesão na região do pescoço; que "não se recorda de havia curativos na cabeça da vítima";** que o procedimento de arteriografia de quatro vasos demora aproximadamente UMA HORA; que não examinou a temperatura da criança; que já havia ouvido falar na MG-SUL TRANSPLANTES; confirmou as declarações prestadas na

88

CPI; que a criança antes de ser submetida a angiografia por parte do depoente estava na condição de "potencial doador de órgãos e não de doador cadáver"; que não tem conhecimento que em algum ponto da Resolução 1480 há a determinação para em alguns casos, que o protocolos seja interrompido; que não teria que obrigação de conhecer os exames feitos anteriormente "pois o **meu cliente é o Dr. José Luiz**"; que "acredita" que o exame tenha se encerrado por volta das 16 horas e que tenha começado em torno das 14 horas.

As mesmas contradições apontadas pelo Deputado Pastor Pedro Ribeiro apareceram no seu depoimento, incluindo as discrepâncias nos horários. Não tinha conhecimento da Resolução sobre a morte encefálica! Não soube dizer como a criança se apresentava, pois NÃO A VIU naquele dia e nem em nenhum outro, viva ou morta, não sabia se estava ou não com ferimentos na região do pescoço, se estava ou não com curativos. **Mentiu sob juramento e deve ser processado por isto**. Não soube explicar porque emitiu um laudo meses após a suposta realização do exame, porque colocou a data como 21/4/2000 e nem quem lhe solicitou tal laudo. Um teatro de absurdos total, uma comédia sem graça, encenada e mal ensaiada, como tudo relativo à SANTA CASA que está nos autos. Ou acreditaram piamente na impunidade, no poder político, ou zombam das inteligências alheias. Uma lástima, para resumir em apenas uma palavra, uma lástima.

José Osmar Medina Pestana - mesmo sendo parcial, como presidente da ABTO - tem mais um nome a zelar (ao contrário de JEFERSON SKULKI, que à época dos fatos tinha pouco mais de 30 anos e estava desesperado para ganhar a vida a todo custo). Por isso, MEDINA foi mais cauteloso em seu depoimento, vide transcrição à f. 4337, memoriais do MP. Por isso, disse: existe um protocolo que é definido pelo CFM; disse não ser a pessoa indicada para falar sobre a influência de depressor do SNC sobre o exame de arteriografia (mesmo assim afirmou: **"tem que seguir todos os critérios**

estabelecidos, principalmente a ausência de algum medicamento depressor do sistema nervoso central"); ao contrário do que dizem as Defesas dos médicos, disse MEDINA que o procedimento de morte encefálica seguido no mundo todo precisa ser checado a todo tempo. Confira-se:

> "nós checamos esse diagnóstico de morte encefálica, todos os exames feitos pelos outros médicos, checamos o diagnóstico baseado no exame subsidiário, checamos a documentação que a família autorizou mesmo a doação, se seguiu todo o protocolo conforme manda a legislação e aí que os órgãos vão ser retirados, só nessa situação que eles vão ser retirados".

No caso dos autos, tudo foi feito em contrário do que indicou o médico e testemunha da defesa, MEDINA PESTANA (tem ainda depoimento dele às fls. 2281/2282 do vol.9), não foi seguido pelos médicos do Pedro Sanches e SANTA CASA o protocolo do CFM (Resolução n. 1480/97). Comparando com o que foi dito por SKULKI, vê-se que também não está de acordo. SKULKI disse que não precisa checar nada, que o cliente é (o suposto neurologista) o Dr. José Luiz Gomes, que o paciente chegando ali já era praticamente cadáver e doador, as doutas Defesas dizem que prevalece o princípio da suposta confiança de um médico em outro (o que prevalece é o corporativismo exacerbado). Por tudo isso dito por MEDINA, que a sagaz Defesa dos réus CELSO e CLÁUDIO preferiu não transcrever toda a fala da testemunha que ela própria arrolou, preferindo apenas fazer alguns curtos comentários, como se vê à f. 4480, ao dizer que a arteriografia de quatro vasos é um exame inequívoco - o que já esclareci - nada reflete, pois tal exame nem mesmo foi realizado, foi o maior ENGODO já tentado (ao menos que eu já tenha visto, mas em Poços de Caldas, tal tipo de artifício é, infelizmente, prática bastante comum).

MEDINA ficou em situação um pouco constrangedora ao ser inquirido durante a CPI do Tráfico de Órgãos em Brasília no ano de 2004, como é de conhecimento público, por constar das notas taquigráficas à disposição pública na *internet,* pois dizia não ter chegado ao seu conhecimento, nem como presidente da ABTO, casos de irregularidades em transplantes. Ali se vê que teve que dar explicações sobre o caso do jornalista e apresentador da Rede Bandeirantes, Athayde Patreze, seu paciente, que afirmou que o médico Elias David Neto, do Sírio-libanês, teria lhe dito:

> Patreze, não se preocupa porque no Brasil os ricos, os milionários não ficam na fila do transplante, o patrão pega um peão lá da fazenda e doa o órgão, eu consigo um órgão para você por 100 mil dólares.

Patreze então começou a se desfazer de bens para "comprar" o órgão. MEDINA negou conhecer casos de tráfico e outras irregularidades com órgãos no Brasil, mas não soube explicar aos deputados porque na justificativa de um projeto de lei em que auxiliou o ex-ministro Aloysio Nunes para combater o tráfico de órgãos consta:

> O SR. PRESIDENTE (DEPUTADO NEUCIMAR FRAGA)- Tá. Na justificativa do Projeto de Lei dele, está escrito bem assim: "Nunca é demais lembrar que o tráfico de órgão de adultos e crianças tem sido objeto de diversas publicações jornalísticas e programas de televisão, que trazem ao conhecimento da sociedade casos estarrecedores de pessoas que, aproveitando-se das comunidades mais miseráveis e das vítimas de regimes autoritários, vêm, paulatinamente, construindo um gigantesco banco de órgãos humanos, com ramificações que já alcançam o Brasil" (...).

As "questões pertinentes à anestesia" manifestadas pela Defesa à f. 4481 serão tratadas quando se examinar as condutas especificamente do réu SÉRGIO POLI, já se tendo dito algo sobre a defesa em paralelismo dos três réus e o jogo de empurra-empurra.

Também sobre a observância ou a falta de, em relação às condutas de CELSO e CLÁUDIO, já fiz algumas considerações no decorrer desta sentença, não sendo necessárias outras. O alegado "princípio da confiança" (também citado pela ilustre Defesa do réu SÉRGIO) foi desmentido até mesmo pela testemunha da defesa OMAR MEDINA, já citado. A consulta, do ano de 2003, encomendada pelo réu CLÁUDIO a SOLIMAR PINHEIRO, juntada intempestivamente às fls. 4487/4489, pouco valor possui. Ora, SOLIMAR é aquele médico ouvido pela revista CARTACAPITAL (apenso ao vol. 17, já citado) que diz que o MIDAZOLAN (dormonid) "tem efeito fugaz", contrariando os especialistas ouvidos, mesmo sem saber a idade do paciente e a dosagem que foi aplicada (segundo consta do prontuário, recebeu mais de 30 ampolas do medicamento). O réu CLÁUDIO ficou tão feliz com a declaração que um ano depois fez a "consulta". Nenhuma das testemunhas ouvidas em juízo confirmou ter visto os réus consultando qualquer exame da vítima, disseram exatamente o contrário, conforme se verá adiante. O dolo dos réus é evidente, pois mesmo sabendo que a vítima estava ainda viva, retirou-lhe os órgãos, o que causou a sua morte (o grupo foi "caridoso", pois permitiu que ao menos fosse antes anestesiada - anestesia geral inalatória e não apenas bloqueador neuromuscular - "cuidado" que não devem ter tido com outras, vítimas já adultas). A ilustre Defesa ainda se deu ao trabalho de juntar aos presentes autos às fls. 4490/4491 carta precatória referente ao CASO 1, oportunidade em que foi ouvido em BH o ex-coordenador do MG TRANSPLANTES, JOÃO CARLOS DE OLIVEIRA, que disse que o ex-secretário de saúde do estado teria encarregado ou autorizado IANHEZ e seu MG-SUL TRANSPLANTES (comprovadamente ilegal e irregular, com lista própria de receptores, interestadual), sendo que tal AUTORIZAÇÃO somente poderia ser concedida pelo MINISTÉRIO DA SAÚDE, em Brasília/DF, conforme a legislação federal. Disse, ainda, que não se lembrava se havia médicos em Poços de Caldas autorizados a transplantar, fazendo-se de desatendido, ou no popular, "dando

92

uma de bobo", mas confirmando que na Lei n. 9434/97 há punição ao médico que atua sem ser credenciado.

Neste ponto chega-se a conclusão idêntica àquela esposada na análise do CASO 1. Peço vênia para mais uma vez colacionar:

> Neste momento já é possível dizer, com base em tudo já visto, dos documentos citados, bem como dos comentários que serão feitos a seguir, que: a desorganização da SANTA CASA era patente; que a SANTA CASA, por seus dirigentes formais ou ocultos, necessitava das verbas oriundas dos transplantes; os médicos dispensavam tratamento inadequado aos seus pacientes (incluindo JOSÉ DOMINGOS DE CARVALHO, vítima nesses autos); ficou comprovada a participação de médico que cuida do paciente e diagnostica sua morte encefálica, na equipe de transplantes; o flagrante desrespeito ao sistema de lista única de receptores; da ilegalidade do organismo MG SUL TRANSPLANTES e da prática do comércio de órgãos humanos (comprovada também pela CPI, em mais de um caso, como o depoimento prestado por Sebastião Raimundo Coutinho, marido de uma receptora de rim, transcrito pelo MP à f. 1432 e o caso Pavesi ali relatado, cujas córneas da vítima Paulo Veronesi custaram R$ 500 e R 600 aos receptores), bem como estabelecidas as condutas de cada réu, conforme fundamentou o Órgão Acusador em sua derradeira manifestação às fls. 1408/1439. Prossigo, portanto. (f.3700 do vol.15).

Ainda sobre a atuação de JOÃO CARLOS à frente do MG TRANSPLANTES deve-se fazer o registro, pois denota a "proteção" dada a IANHEZ e demais integrantes do esquema criminoso, inclusive JOÃO foi também processado:

> As contradições e tentativas de esclarecimentos (infrutíferos) por parte da Coordenação Estadual (não se pode esquecer que o MG TRANSPLANTES, estadual, é subordinado a FHEMIG,

órgão já presidido por MOSCONI), bastando a remessa para leitura dos ofícios constantes às fls. 353/406, 585/586 e 601, todos do ano de 2005. Tais contradições foram apontadas pelo Órgão Acusador às fls. 1427/1428, cotejadas ainda com a prova testemunhal produzida em juízo. Portanto, não é de se estranhar o conteúdo do ofício às fls. 803/805, datado já do ano de 2009, mencionado pela douta Defesa às fls. 1507/1508, contendo diversas inverdades, posto que colidem com a farta suma probatória constante destes autos de processo. (f. 3717 do vol.15).

Passo à análise da defesa de SÉRGIO POLI. Antes de me acusarem (novamente) de produzir uma sentença muito extensa, lembro que somente em preliminares (já afastadas) por apenas um dos réus, réu SÉRGIO POLI, escreveu 28 laudas. Quanto ao mérito propriamente dito mais 47 laudas, totalizando 75 laudas. Não as numerou, quase que com certeza, para passar despercebido. Excelente trabalho da douta Defesa, mas como visto, mesmo assim infrutífero, pois as provas contra seu defendente (como já visto) são contundentes. Como disse alhures, a Organização Criminosa não poderia deixar um paciente tão BOM como a criança Pavesi, tão saudável, como só uma criança de 10 anos pode ser. Vou comentar alguns tópicos da defesa, ingressando aqui e ali, em alguma prova constante dos autos. Sobre o tópico "atipicidade de conduta e da ausência de dolo" (f. 4419), cabe dizer que da conclusão da ilustre professora Eliana Carneiro, sobre as hipóteses que poderiam configurar crime na Lei n. 9434/97, o réu SÉRGIO é enquadrado logo na primeira hipótese (letra "a": remover tecidos, órgãos ou partes do corpo de pessoa, sem diagnóstico de morte encefálica, a ser constatada e registrada NOS MOLDES DE RESOLUÇÃO DO CONSELHO FEDERAL DE MEDICINA. Destaquei). Como se viu à saciedade neste e no processo do caso 1, o diagnóstico não seguiu o protocolo previsto na Res. n. 1480/97 e deveria ter

94

sido interrompido. O réu SÉRGIO atuou e contribuiu na forma do art. 29 do CP. Sua atuação foi decisiva para as condutas dos outros dois réus que, efetivamente, removeram os órgãos da criança. Sem SÉRGIO, possivelmente CELSO e CLÁUDIO não teriam operado a vítima, cirurgia que a levou à morte. Depois de morta, ainda lhe foram retirados os glóbulos oculares que foram também vendidos, como comprovado nos autos. SÉRGIO agiu com dolo, pois como já visto, sabia que a criança estava viva, participava do esquema criminoso e se beneficiava dele. A "testemunha" José Osvaldo Darcie atuava no Hospital Pedro Sanches, como se vê à f. 175 do vol.1. Não pode afirmar ou "assegurar que o paciente estava em morte clínica", pois o mesmo estava massivamente sedado, anestesiado e "NÃO CONHECE TOTALMENTE O PROTOCOLO PREVISTO NA RESOLUÇÃO 1480/97 DO CFM" (como transcrito pela própria Defesa à f. 4423). A causa da morte não foi traumatismo crânio encefálico (TCE), mais à frente vou analisar o restante da prova testemunhal e o laudo de exumação citado à f. 4423. A criança foi morta, sem sombra de dúvidas pelos médicos conluiados do Pedro Sanches e SANTA CASA, que atuavam sob a orientação de MOSCONI e IANHEZ. Poços de Caldas, aparentemente tranquilo local de descanso de idosos (e antigamente local para lua de mel de recém-casados) não tinha tantos acidentes (TCE) e AVC's para se tornar a recordista de transplantes do estado! Nem se estivesse localizada às margens da rodovia 381 (que liga SP a BH) Poços de Caldas teria tantos acidentes assim. O documento às fls. 198/199 (autorização para doação) está assinado APENAS PELO PAI, o que contraria frontalmente a Lei n. 9434/97, além de estar com a data rasurada (pois foi feita DEPOIS DA RETIRADA ILEGAL DOS ÓRGÃOS). A entrevista da mãe ao FANTÁSTICO, por óbvio, não supre tal ilegalidade, além disso, quando a pobre mãe fala "nós", quis dizer o marido. Portanto, falta com a verdade a afirmação à f. 4425 de que "Nesta altura, ambos os pais autorizaram a doação de órgãos", pelo simples exame do documento citado. Outras considerações já foram feitas na seção "pressupostos fáticos/históricos": houve autorização do pai, porque este foi enganado por JOSÉ LUIZ GOMES DA SILVA e ALVARO IANHEZ, como consta dos autos, tanto que ainda deu placa de prata, até descobrir toda a trama e não a conclusão em forma de sofisma ("Não haveria a autorização dos pais se não existisse o diagnóstico de morte encefálica", f. 4426); os pais não receberam o "diagnóstico de morte encefálica ainda no hospital Pedro Sanches", receberam sim o **falso diagnóstico clínico** e a angiografia ruinosa foi feita prematuramente , tanto que não foi constatada a morte encefálica, pois deu contraste. Aí se passou ao "plano b" (levar a vítima para a SANTA CASA), para a todo custo remover os órgãos da vítima para transplante e de "quebra" tentar esconder a ruinosa cirurgia (e arteriografia, idem) para se tentar drenar suposta hemorragia cerebral, feita em local inapropriado, por profissional sem a habilitação e competência devida (inicial, pois depois se passou a "obrar" para o homicídio da vítima, finalmente concretizado na SANTA CASA, que de "santa" não tinha nada). A autorização de um dos pais não põe em xeque qualquer teoria conspirativa de se forjar a morte encefálica, pois não é "teoria" e sim fato que o diagnóstico de morte encefálica de PVP foi TODO ELE FORJADO, UM VERDADEIRO ENGODO, como já demostrado e que será explicitado em detalhes mais a frente, documento a documento, testemunha a testemunha, como diz o outro, "nos mínimos detalhes".

Ao contrário do que diz a ilustre Defesa do réu SÉRGIO POLI "o quadro clínico de PVP" NÃO ERA "extremamente grave quando de sua entrada no hospital Pedro Sanchez" (f.4426/4427). A vítima, como já examinado, foi atendida e classificada como GLASGOW 10 em seu grau de consciência (quando o máximo é 15, a classificação vai de 3 a 15) e a classificação anestésica foi de ASA II (classificação que vai de I a VII). A testemunha citada, EDSON DONIZETE disse às fls. 1475/1477, quando ouvido pela primeira vez (em juízo, à f. 4099), confirmou tal depoimento:

Que, fez as seguintes anotações, conforme consta na f. 89: "paciente admitido para tratamento intensivo proveniente do ambulatório, foi puncionado veia periférica em membro superior direito, passado sonda vesical de demora, instalado O2 por máscara contínua, feito sutura na região frontal pela Dra. Leda, em seguida às 15:10 foi encaminhado à tomografia, retornou às 16h, PACIENTE ATENDENDO AOS COMANDOS VERBAIS, apresentando pupila esquerda midriática medicado conforme prescrição". (f. 1475 do vol.6).

No que interessa ao deslinde do feito, vê-se que a situação da vítima não era tão grave como as Defesas dos réus quiseram fazer crer. O paciente estava falando, deambulando e atendia aos comandos verbais quando chegou ao hospital. O fato de uma das pupilas estar "midriática" é normal em casos de queda onde se bate a cabeça e tal estado poderia ser revertido ou nem mesmo se instalar se tivesse tido bom atendimento desde o início. Vê-se de seu prontuário, que houve demora no atendimento e demora na tomografia. Do outro depoimento da testemunha em fase judicial às fls. 2082/2084 se depreende um dos motivos na piora do estado da criança, qual seja, a interferência de ALVARO IANHEZ no atendimento de PVP, somente interessado nos órgãos da vítima para transplante, o que contou com o beneplácito e consentimento dos demais médicos que ainda ajudaram. Veja:

Que quando o depoente chegou para o seu plantão quem estava acompanhando o caso da vítima era o acusado ALVARO, que não fazia parte do corpo clínico do hospital Pedro Sanches; (...) que pelo que o depoente sabe foram os acusados José Luiz Gomes da Silva, Álvaro e José Luiz

Bonfitto que decidiram pela transferência da vítima para a SANTA CASA (...), (f. 2083).

Dentre outras coisas, disse EDSON às fls. 4099 e seguintes, que: no dia 19 a vítima respirava espontaneamente, sem estar entubada, gemente e atendia "aos comandos do depoente"; que no dia 21 **"a cabeça da vítima estava enfaixada"**; não sabe dizer qual dos lados do pescoço foi feito o procedimento porque **tinha um curativo grande nessa região**" (contrariando o dito por JEFERSON SKULKI); confirmou a prescrição de dopamina, por ordem de Bonfitto ou ALVARO IANHEZ ("ambos estavam presentes" (f. 4100); "**que não teve contato com nenhum médico no centro de imagem do hospital da SANTA CASA"** (JEFERSON SKULKI nem estava lá, como afirmou o deputado);ainda disse que o THINEMBUTAL é um sedativo mais forte que o DORMONID e é utilizado para induzir o coma; que não houve medição da PIC (pressão intracraniana) da vítima e que "não sabe dizer se a criança Pavesi foi submetida a uma arteriografia no Hospital da SANTA CASA (f. 4101). **Portanto, tal testemunha ajuda a desmistificar a teoria da 2ª arteriografia, em consonância com as demais provas dos autos (incluindo o Relatório da CPI).**

Depois a culta Defesa de SÉRGIO (que ainda foi aquinhoado com uma sentença recebendo indenização do pai da vítima) comete mais uma impropriedade ao afirmar que "Eventuais erros ou equívocos no preenchimento de formulários e demais documentos hospitalares não afastam o fato de que a criança estava morta do ponto de vista clínico" (fls. 4427/4428). Depois de tudo que consta nesta sentença até aqui, acredito que qualquer coisa que se fale estaria deixando em dúvida a inteligência de tantos quanto se debruçaram, de boa-fé, em cima desses autos. Conforme consta do Relatório da CPI:

O SR. DEPUTADO PASTOR PEDRO RIBEIRO: É, mas como o senhor disse que botar "geral" é irrelevante o EV deve ser também, não é doutor? Não deve valer nada o EV, como não vale nada a palavra geral. (f. 89 do apenso23).

Não foram somente os "erros" eventuais ou os problemas com o preenchimento dos prontuários ou falta de preenchimento. Não deve ser esquecido que tudo ficaria encoberto se não fosse a exorbitante cobrança da "conta" do hospital Pedro Sanches. Os médicos ainda sairiam como "heróis" ("tentaram de tudo", "não possível salvar a criança"), a cirurgia ruinosa, a arteriografia idem, o atendimento de IANHEZ, a falsa arteriografia de quatro vasos, tudo ficaria escondido, tanto que receberam placas. Ninguém nunca ficaria sabendo que não houve outra arteriografia, que SCAFI (com a ajuda de seu fiel escudeiro CLÁUDIO) confirmaria que a vítima estava sem morte encefálica e foi operada e morta sob anestesia geral aplicada por POLI GASPAR, que a classificou como paciente moribundo com perspectiva de morte em 24h (ASA V), que teve todos os órgãos removidos (não apenas rins e córneas), sem necropsia, que só havia autorização de um dos pais, que havia uma lista própria organizada por uma central clandestina e que havia venda de órgãos disfarçada de doação, que vários pacientes foram mortos do mesmo jeito. Depois não haveria a operação "abafa", as negativas, as fraudes nos prontuários, as ameaças. Foi o "conjunto da obra", os demais casos suspeitos envolvendo transplantes (constantes da <u>AUDITORIA n. 33/00</u>, cujas Defesas nem mesmo citaram direito), dos contundentes depoimentos dos médicos auditores do MS, EDWARD LADISLAU e FLÁVIO AZENHA, dentre outras tantas testemunhas. Foi o exame clínico feito em vítima hipotérmica e massivamente sedada, anestesiada e medicada. Foi a falta do 2º exame clínico. Foi o exame feito por profissional não habilitado (a lei exige que seja ao menos um neurologista). Foi a falta de autorização de **ambos** os pais. Foi pelo fato do protocolo não ter sido interrompido, quando o protocolo do CFM diz que

99

se há resposta sim à hipotermia e resposta sim ao uso de depressores do SNC, o protocolo TEM QUE SER INTERROMPIDO. Foi a simulação de realização de exame complementar de arteriografia, tão somente para retirar·os órgãos e tecidos para posterior transplante (com a vítima ainda viva), para fins monetários e aumento nas estatísticas para inflar o ego dos médicos transplantistas e conseguir mais verbas federais. A vítima não estava nem mesmo morta "do ponto de vista clínico" no hospital Pedro Sanches. Chegou viva ao hospital da SANTA CASA DE MISERICÓRDIA (que nunca teve dó de nenhum paciente ali). Ali foi vilmente assassinada. A lei, ora às favas com a lei. Resolução do CFM, ora, os médicos disseram que não precisam saber seu conteúdo (inclusive o réu SÉRGIO escandalizou os deputados com suas afirmações e deboches, é só examinar o apenso 23).

Não vou cansar os eventuais leitores e novamente analisar o depoimento de ADAILTON RAMOS, (citado também pela Defesa de SÉRGIO à fls. 4428/4429), pois já feita tal análise laudas atrás, quando comentei partes da defesa de CELSO e CLÁUDIO (que, aliás, foram bastante arrogantes durante os dois dias da audiência de instrução, pois ainda acreditam na impunidade, não na sua inocência).

O depoimento de ADRIANO FRAGONESE é também espantoso e denota o que as famílias brasileiras estão sujeitas, por parte de maus profissionais. Além de tudo deveria ter sido contraditado, eis que afirmou conhecer os réus CELSO e CLÁUDIO, possuindo a mesma especialidade, já trabalhou junto com SCAFI na UNICAMP, ou seja, tem interesse na causa. Em seguida, disse não ser o "melhor indivíduo para falar sobre morte encefálica porque como realizo transplante fico afastado e até por ética médica não tenho nada a ver com o diagnóstico e preenchimentos de morte encefálica" (f. 4139, mas não era esse o procedimento de seus colegas em Poços de Caldas; não ia falar de diagnóstico, MAS FALOU). Realmente não conhece do procedimento, tanto que disse que é feito "por dois clínicos", quando se ressabe que ao

100

menos um dos médicos DEVE SER NEUROLOGISTA. Mas disse que o indivíduo NÃO PODE APRESENTAR HIPOTERMIA OU HIPOTENSÃO E NENHUMA DROGA DEPRESSORA DO SISTEMA NERVOSO CENTRAL (por que será que a ilustre Defesa não transcreveu esta parte?). Disse que "é importante o documento atestando a ME" e "DE ACORDO COM O CFM".

Os réus e demais pronunciados não AGIRAM DE ACORDO COM A RESOLUÇÃO 1480 DO CFM. Ao contrário do que diz a Defesa, o anestesista tem sim responsabilidade, como recomenda a **Resolução CFM n.1363**, desconhecida por POLI e pelo seu colega anestesista ALBERTO ARAÚJO, como se verá à frente. Não se trata de responsabilidade objetiva, pois o dolo não se presume. SÉRGIO sabia o que estava fazendo, como os demais, foi tudo meticulosamente preparado e executado, incluindo o que se alegaria no futuro, no caso remoto da trama ser descoberta. Porque não apresentou outros prontuários ou fichas de anestesias com os mesmo erros ou "descuidos". Porque será então que o Pedro Sanches foi descredenciado do SUS e a SANTA CASA impedida, proibida de fazer transplantes? Aqui, mais uma vez se demonstra que o subconsciente acaba entregando, o médico estaria, no mínimo, nervoso demais para cometer erros tão primários, sendo tão competente e estudioso como disseram as testemunhas da própria defesa. Não vou também mencionar o "depoimento" de JEFERSON SKULKI (chamado pela ilustre Defesa de SÉRGIO à f. 4432), pois já o fiz quando comentei a defesa dos demais réus e ainda o farei à frente. O exame de "última geração", (também chamado pelos envolvidos de "padrão ouro", "gold standard"), nunca foi feito e as provas dos autos demonstram isso. Porque tal exame não constava dos prontuários? Porque não foi apresentado aos médicos auditores? Porque não está nos autos? Que se apresentem tais chapas e se faça uma comparação com o crânio da vítima, por um perito da confiança do juízo, o que não se fez, pois tais chapas de quatro vasos simplesmente NÃO EXISTEM. Foi o engodo do século, feito no tipo "se colar, colou" (SCC) e vinha colando com a colaboração de pessoas ilustres da PF e MPF. SKULKI falar "em meu laudo" (f. 4112 e 4434 da defesa) é uma bofetada na cara de todos, pois o laudo fajuto foi feito (e confessado pelo mandrião) OITO MESES APÓS e com data retroativa.

A culta Defesa depois traz em seu socorro o depoimento de MEDINA PESTANA (f. 4436) também já examinado, despiciendas maiores considerações, até em consideração aos eventuais leitores. Houve sim a tipicidade, houve sim a remoção ilegal e assassina de quase todos os órgãos da vítima (não apenas rins e as córneas - que são tecidos - como se verá quando se analisar a exumação do cadáver, realizada anos depois). O anestesista sabia que a criança estava viva ou tinha a obrigação de saber. Sem a sua participação não haveria cirurgia. Deveria, na melhor das hipóteses, ter se negado a participar e contribuir para a trama macabra, sendo que todos confiavam na impunidade, tanto que quase conseguiram, foram traídos por um mero detalhe (sempre os detalhes): a conta superfaturada, do guloso e ganancioso, Dr. Lucas Neto, do hospital Pedro Sanches, que deitou tudo a perder. A Máfia ganhava várias vezes com o mesmo procedimento, faturava em cima de tudo e de todos.

Disse a Defesa à f. 4436: "Ao receberem o corpo, os médicos acusados nestes autos tinham o conhecimento da constatação da morte encefálica e agiram nos moldes da lei (...)". Trata-se de mais uma bofetada na sociedade tal tipo de afirmação. Primeiro, receberam a criança, vítima indefesa, viva, tanto é que o pobre do réu SÉRGIO POLI GASPAR, que agiu com tanta arrogância na CPI, que processou e ganhou processo de indenização contra o pai da vítima em Poços de Caldas, que achou que estaria livre por força da política local, junto com os dois outros réus (apadrinhados do Dep. MOSCONI) aplicou anestesia geral, classificou o paciente como ASA V e foi utilizada a Escala de Aldrete, para procedimento pós-anestesia (A CPI comprovou que ao contrário do afirmado pelo aditado SÉRGIO, à época dos fatos, ano 2000, já existia a

102

classificação <u>ASA VI</u>, para o caso de doador). Morto precisa de pós-anestesia? Quem recebeu o corpo, todo mutilado, foi a família. Antes da doação eram só flores, depois só decepção e falta de atenção ou o mínimo cuidado. Falar que os médicos agiram **"nos moldes da lei"**, deve ser gozação, mais um escárnio ou brincadeira de mau gosto. Brincadeira tem limite. Poços de Caldas tinha mais transplante que Belo Horizonte, mais faturamento, que é o que importava para a Máfia. Poços é maior que São Paulo, os médicos nunca se viram antes, não frequentam os mesmos lugares, fazem parte das mesmas associações. SÉRGIO estava ali fortuitamente, nada sabia, nada viu. Realmente, brincadeira tem limite, zombar da inteligência alheia também tem limite. Coitado do SÉRGIO, se não atuasse, poderia responder a processo disciplinar perante o rigorosíssimo CRM e também ao ainda mais rigoroso CFM (que absolveu IANHEZ, documento juntado pela Defesa de SÉRGIO, "uai, mas eles não têm ligação...", diria o matuto). Realmente, a Defesa, tão culta, perdeu a oportunidade de alegar ainda coação moral irresistível.

Dizer que JEFERSON SKULKI é respeitado pela comunidade médica da região, só pode ser entendido como quem tem mesmo muito prestígio entre os réus e demais envolvidos, pela coragem que teve de assumir ter feito algo tão sério, que na verdade não fez. Já falei sobre o "princípio da confiança", trazido também pela Defesa de Sérgio à f. 4438/4439, pois já o fiz quando analisei o mesmo tema também informado pela Defesa de CELSO e CLÁUDIO (até por tal motivo se vê que os réus estavam juntos desde o início e ainda estão juntos até hoje). Não vou comentar o parecer do CFM, citado à f. 4439 (que a Defesa de SÉRGIO **antecipou** que seria colacionada pelos outros réus, como de fato o foi – SOLIMAR -), pois também já o fiz. Há sim provas nos autos que foi ministrado o anestésico ETHRANE na vítima, tanto documentais, quanto testemunhais, isso preocupou tanto o réu que ele pessoalmente tentou INTIMIDAR uma testemunha em plena audiência, fato presenciado pelo Promotor de Justiça, Dr. DANIEL RIBEIRO e registrado em ata. Sobre o

PAVULON, bem como sobre outros medicamentos citados, não é preciso se socorrer de nenhuma prova subjetiva, basta a simples consulta ao MEMENTO ROCHE às fls. 1671/1687 do vol. 6. Os documentos que atestam o uso do anestésico ethrane também devem ser "outro equívoco", e as testemunhas ouvidas também se equivocaram, e a presença do medicamento na sala de cirurgia foi também outro equívoco, ou melhor, agora combinaram a versão de que "sempre" estava à disposição (e certamente era cobrado do SUS) na "vaporoca". As auditorias constataram sempre que os RELATÓRIOS DE ENFERMAGEM sempre eram mais completos que os médicos e também sempre MAIS CONFIÁVEIS. Ora, quem errou foram as ENFERMEIRAS e não os MÉDICOS (pois médico não erra). Se DILZA tem "falta de conhecimento técnico" não foi o que disse o próprio réu SÉRGIO a seu respeito, ao contrário. O uso do ETHRANE custou muitas laudas à Defesa e por isso voltarei ao tema quando analisar pormenorizadamente os depoimentos. Sobre a literatura disponível no Brasil sobre a classificação ASA, deixo para tecer considerações também *a posteriori*. **Não está mesmo provado** que a classificação anestésica ASA V era a máxima conhecida pela medicina brasileira (a CPI provou o contrário), nem mesmo em Poços de Caldas, no "longínquo ano 2000" (f. 4447). Realmente, o que disse o réu, não passa de sua "versão" (f. 4448). Versão pode ter muita, mas a verdade é uma só. Quando um MANUAL (como o "Tratado de Anestesiologia do estado de São Paulo, citado à f. 4450) - pois é obra que cita, repete outras obras de referência - fala "até recentemente" quer dizer décadas, não pouco tempo. A questão ficou definitivamente sepultada com a intervenção feita por ocasião da CPI DO TRÁFICO DE ÓRGÃOS, quando TAL VERSÃO foi desmascarada em público, pois a assessoria dos deputados pesquisou sobre o tema. Quem foi surpreendido, flagrado, foi o réu SÉRGIO, não "pressionado" pelos ilustres deputados. Não imaginou que os membros da CPI pudessem ter acesso a tais informações na área médica. Médicos se sentem seguros quando o assunto é de sua área, os demais

104

sempre são "leigos", puro preconceito. Com certeza que a participação de SÉRGIO não se deu de forma culposa e sim dolosa, como já afirmado, ficando a "negativa de participação" (f. 4451) desprovida de maiores argumentos, pois o réu estava lá, participou da remoção dos órgãos que causou a morte da vítima, não há como negar o óbvio, contra fatos não há argumentos. Ninguém nunca disse que o Sérgio Zenun da equipe de transplantes fosse o SÉRGIO POLI, mas a relação entre eles é estreita e foi confessada pelo próprio. A tal escala prévia é documento unilateral e pode ser produzido a qualquer tempo, nada refletindo no deslinde do caso. O vínculo de vontade do réu com os demais é claro e se destaca nos autos. Todos agiram para o mesmo fim, conseguir o maior lucro possível com a morte da vítima, a vontade de um, aderiu à vontade dos outros. A conduta de SÉRGIO teve sim relevância causal, pois se não tivesse agido, como agiu, não haveria a remoção dos órgãos, como já dito. Por tais motivos e outros constantes dos autos, que se torna IMPOSSÍVEL a absolvição de SÉRGIO POLI GASPAR, como pretendeu a douta Defesa. Também resta impossível a desclassificação para o *caput* do art. 14, por todas as razões já apresentadas, pois a vítima não faleceu em virtude do TCE e sim pela ação dos réus, ora aditados, e dos já pronunciados (ainda a ser decidida pelo E. Tribunal do Júri). Segundo se vê no livro "Transplante", escrito pelo médico KALUME, que narrou o Caso de TAUBATÉ, a causa da morte dos pacientes doadores (que se encontravam vivos) era devido ao seccionamento das artérias que irrigam os rins. Morria-se de choque hipovolêmico, por óbvio, pois não se suturava tais artérias após a retirada em bloco ou não dos rins. Portanto, a ação eventual dos pronunciados não exclui a dos réus deste processo. Já a ação dolosa dos atuais réus pode influir no julgamento dos pronunciados, o que não tem nenhum problema, pois o Júri é soberano, soberania inclusive reconhecida constitucionalmente. O resultado morte previsto no parágrafo quarto do artigo 14 da Lei n. 9437/97 não é afastado por nenhuma das VERSÕES apresentadas pela Defesa à f.

4461/4463. Despiciendas maiores considerações sobre a "denúncia original", pois já feitas nesta mesma sentença, quando se comentou a atuação da ora testemunha ADAILTON.

Afastadas todas as teses das doutas Defesas, de forma fundamentada, devo prosseguir na análise das provas que indicam, indubitavelmente, as autorias por parte dos réus.

Cumpre agora analisar o descumprimento por parte de todos os réus, incluindo os ora aditados, dos preceitos legais aplicáveis à espécie, que foram abordados pelo ilustre RMP às fls. 4357 e seguintes de seus memoriais. Reza o **art. 3º da Lei n. 9434/97** que a retirada de órgãos ou partes do corpo humano para transplante precisa ser precedida do diagnóstico de constatação de morte encefálica, constatada por dois médicos que não integrem a equipe de transplantes, mediante critérios definidos por Resolução do Conselho Federal de Medicina. Os médicos responsáveis pela remoção dos órgãos e tecidos (os réus) devem verificar previamente se foram seguidos todos os procedimentos obrigatórios, conforme estabelecido pela legislação, incluindo o **Decreto n. 2.268/97** (que se encontra às fls. 1364/2374) e a **Resolução CFM n. 1480/97** (cuja cópia está às fls. 1543/1544v). Os réus já denunciados e os ora aditados não observaram tais preceitos e nem seus deveres profissionais e éticos. O documento **"critério recomendado para o diagnóstico de morte encefálica"** (f.448), utilizado pela equipe médica está em desconformidade com o prescrito no art. 2º da Res. n. 1480 que diz: "Os dados clínicos e complementares observados quando da caracterização da morte encefálica deverão ser registrados no "Termo de declaração de morte encefálica", anexo a esta Resolução". Conforme bem aduziu a douta Acusação: "O termo de declaração de morte encefálica não poderia ter sido substituído por outro condizente apenas com os interesses dos envolvidos" (f. 4358). O **art. 16 do Decreto n. 2268** exige dois médicos, um deles neurologista, para o diagnóstico

106

clínico e tecnológico da ME, o que não foi observado. O **art. 5º da Lei n. 9434/97** exige a autorização de ambos os pais e como visto, tal exigência não foi cumprida, além da rasura no documento. O **art. 8º da Res. n. 1480**, preconiza: **"O Termo de declaração de morte encefálica, devidamente preenchido e assinado, e os exames complementares utilizados para diagnóstico da morte encefálica deverão ser arquivados no próprio prontuário do paciente".** Como já visto, tal exigência de suma importância não foi também cumprida, por isto as auditorias levadas a efeito nos hospitais não encontraram os exames, bem como seus laudos. Então, não podem agora as ilustres Defesas querer alegar que foi realizada uma suposta e improvável 2ª arteriografia[60], pois esta nunca foi vista, sendo que somente foram entregues pela SANTA CASA as 7 chapas referentes a arteriografia realizada no Hospital Pedro Sanches, querendo passar por esta segunda arteriografia, que não passou de uma fraude, um engodo, uma farsa, como provado nestes autos. Mesmo cientes de tais ilegalidades, os réus aceitaram participar da empreitada criminosa, como bem observou o *parquet* à f. 4359 (p.50 dos memoriais). Tais fatos estão devidamente documentados pela Auditoria às fls. 48/49, à f. 222 do apenso 31 e no laudo pericial constante às fls. 1766/1767 no volume 7 dos autos. Os médicos não submetiam os doadores cadáveres ou os cadáveres dos doadores à **necropsia, como determina a lei (art. 8º da Lei n. 9434/97).** O documento que supostamente "autorizava" a não realização do procedimento obrigatório (necropsia) se encontra à f. 3626 do vol. 15. Como bem anotado pelo percuciente RMP à f. 4325 (p.16 de seus memoriais), facilitando o furto de órgãos para tráfico:

> "Às fls. 607 do vol. 3 consta um ofício do Delegado Lacy de Souza Moreira informando que, em reunião datada de novembro de 2000, ficou convencionado entre a referida

---

60 SKULKI disse em um de seus fantasiosos depoimentos que entregou as chapas para o réu José Luiz Gomes da Silva. Porque desaparecerem então?

autoridade, os médicos Alvaro Ianhez, Wagner Rodrigues Ramalho, Cláudio França Braga e os delegados de polícia Elviro Mário Lourenço Mancine e Juarez Francisco Vinhas que na hipótese (...)".

Portanto, a convenção citada entre a Delegacia Regional e a SANTA CASA, só serviu para tentar dar "aparência de legalidade" a "ações ilícitas/imorais", nas palavras do Promotor de Justiça, **pois datada de novembro de 2000, ou seja, após os fatos deste processo, que se deram em abril**.

Os réus tinham conhecimento e participavam das atividades da ONG MG-SUL TRANSPLANTES, idealizada e comandada por MOSCONI e IANHEZ, sendo que CELSO SCAFI dividia consultório médico com o primeiro, que tudo fez para livrá-lo dos processos. Tal organização, ilegal e clandestina, operava lista própria, cobrava pelos transplantes (e também do SUS), além de funcionar DENTRO da SANTA CASA (que pagava os salários dos três réus, ora aditados e o aluguel de tal entidade). Os réus, ora aditados, conheciam as atividades da entidade PRORIM, que pelos seus estatutos (escritos sob a supervisão do já advogado da Santa Casa SÉRGIO LOPES) prometia PRIORIDADE nas cirurgias de implantes e ajudava a gerenciar a lista, que desobedecia a LISTA ÚNICA, inclusive era interestadual, descumprindo o determinado no art. 10 da Lei n. 9434; art. 4º, incisos II, III e IV e parágrafo quarto do art. 24 todos do Decreto n. 2.268/97. A citada Auditoria constatou o desrespeito a tais preceitos legais relativos à lista única de receptores, o que dava transparência e respeito ao Sistema Nacional de Transplantes, como se vê à f. 43. Sobre o desrespeito à lista e ao comércio de órgãos por parte dos réus e aditados, o MP transcreve à f. 4361 (p.53) depoimentos de JOÃO CARLOS ARAÚJO e SEBASTIÃO COUTINHO, ambos ouvidos na CPI DO TRÁFICO, havendo cópia do recibo nestes autos, a comprovar o alegado (fls. 4180/4182). Os fatos foram confirmados ainda pela Secretária da MG-SUL, Adelaide, cujo depoimento foi

108

transcrito pelo MP à f. 4362; pelo depoimento de Sirlene Bonin, cujo filho pagou por uma das córneas extraídas da criança Pavesi (fls. 4362/4363) e por Carmelita Sampaio, mãe de outro menor, que recebeu a outra córnea, ambos operados no privado Instituto Penido Burnier (f. 4363). Vale transcrever a conclusão do RMP, Dr. Maurício Mattar, sobre o ponto:

> Assim, denota-se **que os réus tinham o pleno conhecimento das atividades da MG SUL Transplantes e, por conseguinte, das condutas ilícitas praticadas por esta Central e pelos médicos atuantes na Santa Casa.**
>
> Isso porque os réus prestavam serviços na Santa Casa de Poços de Caldas, entidade na qual eram realizados todos os transplantes de órgãos da cidade, inclusive, a instituição MG SUL funcionou por determinado período nas dependências do referido hospital (v. cabeçalho fls. 4182,vol.17). Fato é que **Celso Scafi e Cláudio Rogério** compunham a equipe especializada em transplantes, sendo responsáveis pela maioria dos transplantes de rins realizados naquele município, assim como o **anestesista Sérgio Poli** que, embora não fizesse parte desta equipe, **declarou já ter participado de várias cirurgias de retirada de órgãos de doadores cadáveres** (fls. 4363/4364, destaquei).

Tais fatos se comprovam por várias passagens dos autos, declarações dos próprios réus citados pelo MP em seus memoriais, incluindo a testemunha e médico da SANTA CASA, José Tasca, que informou:

> (...) **que os médicos desta cidade tinham conhecimento da MGSUL**; que o Dr. Alvaro foi representante da MGSUL na cidade de Poços de

109

Caldas e região (...) (Depoimento judicial de fls. 2246, vol. 09, citado pelo MP à f. 4365). Destaquei.

Bruno Jaqueta, médico, declarou: "(...) que a função do MGSUL é arrecadar órgãos e fazer transplantes que isso se dava na santa casa de misericórdia (...)". Depoimento judicial de fls. 2238, vol.09, citado pelo MP à f. 4365.

Ponto finaliza o douto RMP :

> **Desta forma, não há dúvidas de que os réus tinham conhecimento das condutas ilícitas praticadas pela MG SUL TRANSPLANTES e da fraude à lista única de receptores e, mesmo assim, aceitaram participar do intento criminoso (f. 4365).**

Até o presente momento, já ficou patente e esclarecido o fato da **desorganização da SANTA CASA**, com rasuras, assinaturas não identificadas, sem carimbo, exames faltantes ou não realizados, constatados pela Auditoria e testemunhos constantes dos autos, fatos oportunamente utilizados para facilitar e acobertar os crimes ali praticados[61]. **Sobre tratamento inadequado ao paciente e irregularidades no diagnóstico de morte encefálica**, muito se disse até o momento. De idêntico modo, sobre **participação de médico, que cuida do paciente e diagnostica morte encefálica, na equipe de transplantes** está já bem examinado até agora e vale transcrever:

> **Sobre o desrespeito à lista única de receptores** prevista no art. 10 da Lei n. 9434/97 e artigos quarto, sétimo e vinte e quatro do Decreto-Lei n. 2268/97, além da Portaria 3.407/1998 do Ministério da Saúde

---

61 Da mesma forma indicados â p.54, f. 3714, da sentença CASO 1.

(artigos 33 a 35), muito bem enfocada no relatório do Delegado Federal às fls. 716/717, ao qual se remete, houve contradição entre os réus e "jogo de empurra". Disse CELSO SCAFI (fls. 1288/1290) "tem conhecimento que o MG TRANSPLANTES com sede em BH pedia, quando havia doadores, que fosse utilizada a lista da SANTA CASA de Poços de Caldas; (...)". Por seu turno, CLÁUDIO ROGÉRIO (fls. 1284/1287) afirmou: "perguntado quem controlava a lista de receptores à época dos fatos, respondeu que 'quem controlava a lista era a central regional com sede em Pouso Alegre, cujo coordenador era o Dr. Lauro Santos, que possivelmente a encaminhava a comissão intra hospitalar ou ao centro de hemodiálise (...); acredita que a central estadual com sede em Belo Horizonte também 'tutelava a obediência à lista';"[62].

Sobre a **ilegalidade da MG-SUL TRANSPLANTES e da prática do comércio de órgãos humanos** também alguma coisa já se disse, sendo que basta por agora Ainda está valendo a transcrição:

> (O Banco de olhos) foram englobados pelo MG-SUL TRANSPLANTES, criado sob a iniciativa do Dr. ALVARO IANHEZ, se recordando também da presença dos médicos CELSO SCAFI, CLÁUDIO ROGÉRIO FERNANDES, JOÃO ALBERTO e outros que não se recorda, no ano mais ou menos de 1997(...). (Sentença CASO 1, f. 3715).

Quanto à autoria especificamente relativa a CELSO SCAFI, foram transcritas as declarações do aditado/réu e diversas testemunhas pelo RMP às fls. 4322 (p.13) a 4330 (p.21), desnecessárias novas transcrições, mesmo que parcialmente. De CLÁUDIO ROGÉRIO, o MP mencionou transcrições das fls. 4330 (p.21) a 4339 (p.30) e de SÉRGIO POLI, das fls. 4339/4352 de seus memoriais finais, fazendo precisos apontamentos quanto às autorias de cada aditado/réu, algumas já referidas por mim.

---

62 Op. Cit. Fls..3714/3715.

Os depoimentos das testemunhas na fase inquisitorial e na fase processual do processo do júri já foram citados no Relatório desta sentença.

Na fase judicial, estão às **fls. 4087/4101** e **4108/4120 do vol. 16** dos autos, seguidos dos interrogatórios em juízo sob o crivo do contraditório e da ampla defesa, assegurados às partes pelo juízo, bem como dos depoimentos tomados por via das cartas precatórias. Alguns dos depoimentos já foram examinados, quando da apreciação das teses defensivas, bem como dos memoriais do Ministério Público, remetendo-se às folhas mencionadas, mas deixando claro, que tais provas são suficientes para o decreto condenatório, observadas em conjunto com as demais provas carreadas, especialmente documentais, também já citadas. Ainda não se pode esquecer-se da carta rogatória para a ouvida do pai da vítima, que pode ser juntada a qualquer momento e não prejudica o presente julgamento.

A cópia do "Manual de Terapia Intensiva, 2ª edição", não traz o ano de sua publicação e pela tabela 27-3 à f. 4030, se vê que a bibliografia aponta "*anesth analg*, 1970:49:564", portanto, bem defasado, sendo o caso dos autos de 2000, ou seja, com trinta anos de atraso! O livro cuja capa está à f. 4031, "Clínica Médica- consulta rápida- 2ª edição", traz à f. 4032, bibliografia de 1996,1997,1998 e um trabalho de pneumologia de 2000, portanto, de autores nitidamente defasados e não se trará de trabalho específico da especialidade ANESTESIA, que deve ser mais completo e atualizado que este MANUAL de CONSULTA RÁPIDA. O manual denominado de "Sinopse de anestesia", 2ª ed., fls. 4033/4035, como o próprio título diz é um RESUMO, não informa o ano de sua publicação, portanto, imprestável para o fim pretendido pela Defesa. O "Tratado de anestesiologia", 7ª ed., 2011, traz a classificação ASA VI, mas não é esclarecido quando teria sido o "recentemente". Mas esclarece sobre tal classificação: "Apesar disso, ela é suficientemente importante para ser assinalada no final da avaliação pré-anestésica" (f. 4041). Os demais títulos citados são todas obras anteriores a 2000 ou defasadas, sem atualização. O

112

anestesista estudioso e consciencioso deve se atualizar com obras estrangeiras, de autores estrangeiros, caso a bibliografia no Brasil sobre a especialidade seja escassa. Veja um trecho da CPI que esclarece a questão da classificação ASA V ou ASA VI:

O SR. DEPUTADO PASTOR PEDRO RIBEIRO- O senhor tem? Por favor, o senhor nos deixa que nós vamos juntar a autenticidade de um e de outro. E não é irrelevante. É relevante o senhor nos dá esse seu formulário porque nós temos o do hospital que vamos checar para oficialmente eu se chegue a verdade. O importante é a verdade. Dr. Poli, em outros prontuários analisados pela CPI- e pudemos, inclusive, mostrar um deles- o doutor...o doador cadáver foi classificado como ASA-6, eu sinceramente tenho que ver- não lembro agora, eu não sabia desse fato-, levantar a data, o senhor pode dizer: ah, se ele foi qualificado como ASA-6, foi depois de 2000, porque naquele tempo não tinha ASA-6. O senhor deixou aqui registrado isso. Me desculpe. A senhora tem ai doutora. *The ASA, physical status classification systems,* aqui está em inglês, mas aqui, não vou ser tão petulante, bem aqui estão: "Esses trabalhos da Associação Americana de Anestesiologia e da Associação Canadense de Anestesiologia **já definem ASA-5 e ASA-6 desde 1992 e 1999**. Dr. Sérgio Poli, mais um documento da *use of sedations* anestesia...Está traduzido também ou a gente tem que ver? Aqui é outro documento. Certo? Sobre o outro procedimento do paciente, a seleção e tudo o mais. Está dizendo que esses guias dão uma visão geral das condições, que têm que ser vistas para sedar o paciente. **Doutor, o senhor afirmou nesta CPI que, em 2000, não existia a classificação ASA-6. Isso é muito grave**. (pgs. 87/88, CPI, apenso23).

A nobre Deputada PERPÉTUA, encerra qualquer discussão:

113

A SRA. DEPUTADA PERPÉTUA ALMEIDA- Dr. Sérgio Poli, digamos que o senhor não tenha tido conhecimento da classificação6, como o senhor afirmou anteriormente, embora, na minha opinião, É IMPERDOÁVEL QUE UM PROFISSIONAL QUE VÁ FAZER UMA ANESTESIA, NAS CONDIÇÕES EM QUE O SENHOR ESTAVA FAZENDO, sabendo que aquilo ali ode matar ou não matar alguém, **o senhor deveria ter essa informação, como o Pastor Pedro acabou de lhe passar, que essa classificação n.6 já existia.** (...) Ou o senhor está faltando com a verdade agora ou faltou naquele momento, porque quando o Pastor lhe mostrou a ficha, e que o senhor admitiu que ASA-5, porque era a última classificação, foi preenchida pelo senhor, com a mesma letra e na mesma ficha aqui tem anestesia indicada: geral. Por que o senhor fez isso? (fls. 88/89 do Relatório da CPI, apenso 23), destaquei.

Vou agora analisar alguns testemunhos, que reputo importantes ao desate da lide.

A testemunha VERÔNICA, da enfermagem do Pedro Sanches, disse me juízo à f. 4097/4098, dentre outras coisas que: "o paciente permaneceu SEDADO durante toda a noite"; "reage a estímulos dolorosos"; sobre os medicamentos utilizados "o preenchimento ocorre após a utilização com lançamentos que foram efetivamente utilizados"; perguntada se sabe dizer se foi algum exame relativo à constatação de morte encefálica em relação à vítima, disse que não sabe, "visto **que no seu plantão, a criança estava reagindo à estímulos**"; perguntada acerca do protocolo de um paciente sedado, disse que pelo conhecimento que tem, **"seria necessário no mínimo 12 horas depois de cessada a sedação para se avaliar se houve ou não a morte encefálica"**; que "quando saiu do seu plantão no dia 20 de abril de 2000, as 7 horas da manhã, <u>o paciente Paulo Pavesi ainda estava sedado"</u>; finalmente afirmou, <u>"não se recorda de ter visto o Dr. José Osvaldo nas</u>
114

dependências do hospital Pedro Sanches durante o seu plantão e até o momento que se retirou no dia seguinte", Portanto, José Osvaldo foi mais uma testemunha a justificar o brocardo de que "a prova testemunhas é a prostituta das provas".

A testemunha ÉRICA, também da enfermagem do Pedro Sanches e responsável pelo paciente Paulo das 19h do dia 20.4.00 até às 7h do dia 21.4.00, afirmou às fls. 4095/4096, em juízo, dentre outras coisas que: **"o que lhe foi passado, foi que não foi possível constatar a morte encefálica"**; que "reconhece que a vítima estava hipotensa e hipotérmica".

A testemunha EDSON DONIZETTI já foi citada nesta sentença e trouxe importantes subsídios, da mesma forma que já foi apreciado o depoimento de JOSÉ OSMAR MEDINA PESTANA e ADAILTON RAMOS.

A testemunha ROSÂNGELA DA SILVA RIBEIRO MARRAFON, disse às fls. 1467/1468, ainda no calor dos fatos, dentre outras coisas que:

> Recebeu o paciente do centro cirúrgico, em companhia de Dilza, Angela e Cremilda, todas auxiliares de enfermagem do centro cirúrgico, dos médicos CELSO SCAFI e CLÁUDIO ROGÉRIO CARNEIRO FERNANDES e durante a cirurgia, o DR. ALVARO, sendo que atuou também o DR. SÉRGIO POLI, anestesista; que preencheu os campos referentes a horário, PA, pulso, nota, e o campo superior, exceto da data, quarto, leito, final, SGF, sendo que o relatório abaixo foi elaborado por DILZA com os seguintes dizeres: **"Cliente submeteu-se a cirurgia, sob anestesia geral, anestésico inalatório ETRANE, 10 ml, drogas? PAVULON 4 ml** 3) 5 frascos do REVIVAN 3? 4 ATROPINA 4) CLORETO DE POTÁSSIO 2 frascos. Realizado cateterismo vesical evacuador com foley 16 e 18 pelo DR. CLÁUDIO perfusão do rim, 1 frasco de 1000 BRAWM mais 1 ampola de 20 mil de

115

BRAWM 2) 2 ml de HEPARINA 2ml de xilocaína sem vaso de 2%"; que na segunda coluna constam também as anotações feitas por DILZA, correspondente ao horário 18h25min. a PA 61X25 e o PULSO 75; que **elaborou também o boletim do centro cirúrgico, conhecido como "nota de gasto", de fls. 162/163**, exceto alguns campos com letra diferente, pertencente a DILZA e, no tocante ao fim da cirurgia, às 19h30min., não preenchidos pela depoente ou por DILZA e possivelmente por seus sucessores.

Em juízo, a mesma testemunha mostrou-se "cautelosa" e "esquiva", fls. 4087/4088, transcrito pelo MP às fls. 4345/4347 (pg. 36/38), destacando-se:

> **não viu nenhum dos réus analisar nenhum exame da vítima, que não se recorda de ter visto exame da vítima na sala de cirurgia**; que a pressão da vítima foi monitorada mas a depoente não sabe dizer a sua medida pelo decurso do tempo; que não foi feito medição da temperatura corporal da vítima; **que não sabe dizer quais órgãos que foram retirados da vítima;** que não se lembra de ver nenhum médico examinando a criança antes dos trabalhos de retirada de órgãos; (...) **não pode constar e não coloca na "folha de gastos" medicamentos que não são efetivamente utilizados;** que ainda trabalha no hospital da Santa Casa; que conhece a esposa do acusado CLÁUDIO, que também é médica, Dra. Nair; que conhece o médico Claudi Ferraz que trabalha da Santa Casa; quando disse que os médicos não tem acesso aos relatórios de enfermagem, esclarece que **caso os mesmos queiram, podem acessar os relatórios 'se eles quiserem pegar para ver, podem, mas não têm esse costume'**. (destaquei).

Sobre tal depoimento, na fase judicial, necessário transcrever as observações do MP, que percebeu que a testemunha foi constrangida:

> Dessa forma, percebe-se que Rosângela da Silva Ribeiro Marrafon, <u>ao contrário do seu depoimento prestado na fase policial,</u> demostrou cautela na sua fala perante o Juiz, sempre se esquivando das perguntas referentes aos procedimentos adotados pelos médicos, tudo o sentido de amenizar a situação deles. Também se verifica contradição em algumas de suas falas. Da mesma forma que Rosângela da Silva, a testemunha **Angela Maria de Oliveira Barbosa**, auxiliar de enfermagem, demonstrou excesso de cautela em seu depoimento, fls. 4092/4094, vol.16, visando à proteção dos envolvidos (f. 4347, p. 38).

Sobre o suspeito depoimento de ANGELA, mais uma vez terá que se transcreverem as conclusões do nobre Promotor de Justiça, que mesmo sendo parte da Acusação, atua como fiscal da lei, não é da região e não tem nenhum motivo para pretender incriminar gratuitamente quem quer que seja:

> Ângela em muitos dos questionamentos respondeu <u>não se recordar</u> de determinados fatos, sendo enfática apenas no que se refere à defesa dos réus. A referida **testemunha foi evasiva quanto ao uso do Etrane na criança,** contudo fez afirmações quanto à quantidade de Etrane utilizada em uma cirurgia de 3 horas, mas não condizentes com a realidade, **sem possuir conhecimento específico para tal,** o que reforça o entendimento de que tencionava favorecer aos réus.
> Ângela também foi confusa e desconexa em suas respostas. Quando questionada sobre <u>"a criança ter vindo da arteriografia"</u>, ela respondeu que ligaram da arteriografia, mas <u>não sabia quem havia feito a ligação</u> e, ao **ser indagada como**

117

sabia que a origem do telefonema teria sido do setor da arteriografia, Ângela apenas disse que "eles avisaram que vai subir um paciente para o centro cirúrgico".

Salienta-se o fato de Ângela ter afirmado conhecer a esposa do réu CLÁUDIO ROGÉRIO, Dra. Nair, que clínica geral (fls. 4092/4094 do vol. 16). Destaques meus.

O douto Promotor de Justiça percebeu que a testemunha ÂNGELA foi "industriada" pelas ilustres Defesas, mas tal fato nunca fica imperceptível para profissionais experientes. A Dra. NAIR CHUVA, mulher do réu CLÁUDIO, não só é clínica, como participava das cirurgias de implantes sem possuir autorização (da mesma forma que o médico CLAUDI FERRAZ, que confessa tal fato) e é também, atualmente, Diretora e Chefe do SAMU em Poços de Caldas[63], dado o prestígio da MÁFIA. E não escapou ao arguto, culto e insuspeito Promotor que a criança NUNCA fez nenhuma arteriografia na SANTA CASA, pois ninguém sabe informar a respeito, nem mesmo o DR. JEFERSON SKULKI, fato percebido também anteriormente pelos experientes deputados na CPI.

A testemunha DILZA foi ouvida em juízo às fls. 4089/4091 e disse dentre outras coisas que: **"no momento do preparo da sala para a cirurgia não tinha nenhum exame ou laudo da criança Paulo Pavesi e que geralmente junto com o paciente vem uma pasta com a 'papelada' dele**; após a leitura do relatório de enfermagem de f. 210 afirmou que **todos os medicamentos constantes neste relatório "foram efetivamente utilizados";** disse que nunca recebeu orientação para que fizesse anotação de medicamentos que não fossem usados em pacientes; afirmou que **foi quem colocou o etrane na sala de cirurgia, que se trata de um medicamento para anestesia geral;** "acredita que não teve outra cirurgia na sala D no dia dos fatos" e que "depois

---

63 Que atendeu a falecida testemunha JOSÉ ALEXANDRINO.

dos fatos do processo ela **foi retirada do centro cirúrgico e transferida para a central de medicamentos"**. Ora, tal testemunho é mais que um libelo contra os réus aditados. Está explicada toda a pressão que foi colocada sobre a pobre senhora, que acabou desabafando dizendo ter sido retirada de seu local de serviço, onde estava acostumada, "depois dos fatos do processo", se referindo obviamente ao inquérito. DILZA ainda desmonta, mais uma vez, a FALSA TEORIA DA 2ª ARTERIOGRAFIA, pois como observou, não tinha nada, nem uma pasta na "papelada" da vítima. Disse o Promotor de Justiça, Dr. Maurício Mattar, em seus memoriais:

> **A propósito, curiosa a atitude dos representantes da Santa Casa em transferir a testemunha presencial dos acontecimentos (Dilza) para setor diverso daquele que estava acostumada e em função totalmente diversa da exercida por ela. (f. 4348 do vol.17, p.39).**

Disse a testemunha da Defesa e médico Paulo César Negrão (atual presidente da Associação dos Médicos de Poços) às fls. 4108/4110, dentre outras coisas que: "conheceu o réu Sérgio Poli Gaspar, o depoente o tem **como um médico estudioso**"; "que já viu **o réu Sérgio Poli Gaspar com livros de anestesiologia podendo dizer que ele sempre comprava livros novos"; "que ele sempre estava com livros atualizados".** Como bem asseverou o *parquet,* sendo o réu SÉRGIO tão estudioso, **não tem como não estar atualizado quanto a classificação ASA-6, que como visto na CPI existe nos Estados Unidos e no Canadá desde 1992 e 1999, respectivamente (f. 88 do Relatório da CPI, apenso 23).** Negrão ainda disse que "na época Poços de Caldas era o MAIOR CENTRO DE TRANSPLANTES do interior de Minas, ficando atrás apenas de BH" (f. 4109). Esqueceu-se de dizer que era o que mais arrecadava verbas federais... Confirmou que a Associação a qual preside pela 2ª vez, soltou panfletos recentemente pela cidade "relativamente a casos de transplantes" (f. 4110). Disse ainda, não saber qual o estado de consciência da criança Pavesi quando foi admitida no hospital Pedro Sanches, "se a mesma estava consciente, falava ou caminhava(...)"; **"já ouviu falar que Antonio Bento Gonçalves tem atividade de bicheiro"; pelo que se lembra "Antonio Bento Gonçalves era da mesa diretora da SANTA CASA".**

Sobre as testemunhas de defesa Mário Montigelli (médico e ex-vereador), Richardson Fontella (este já ouviu falar da clínica NEPHROS, de Ianhez) e Antônio Angelo, que nada de importante trouxeram ao deslinde do feito, remete-se ao transcrito pelo MP às fls. 4349/4350, com o comentário pertinente:

> Curiosamente, talvez para proteger o seu colega de profissão, Sérgio Poli, Antonio Angelo afirmou não possuir nenhum conhecimento referente ao diagnóstico de morte encefálica, mesmo sendo ele médico atuante em cirurgias.

O depoimento do médico e testemunha de defesa ALBERTO ARAÚJO está ás fls. 4114/4116 e foi integralmente transcrito pelo MP às fls. 4350/4352, desnecessária nova transcrição. Contudo, destaca-se: quando um paciente chega na sala de cirurgia, qualquer cirurgia, inclusive na retirada de órgãos, é o anestesista o médico responsável por recebe-lo; que indagado se um paciente que chega em uma sala de cirurgia para a realização de retirada de órgãos é uma obrigação a consulta aos exames clínicos e arteriografia que foram realizados no protocolo de morte encefálica o depoente disse que "sim"; que indagado nesse exemplo concreto de resultado verbal de uma arteriografia se o depoente mesmo assim analisaria o laudo e as imagens, disse que "sim, após tomar todas as providências de recepção do paciente acima mencionadas"; "que o etrane é um anestésico inalatório para anestesia geral; que este medicamento não é utilizado em casos de cirurgias de retirada de órgãos"; que

120

indagado se já fez alguma cirurgia de retirada de órgãos na santa casa de Poços sem ter acesso ao laudo da arteriografia o depoente disse "não, porque o laudo sempre estava na pasta"; que não se recorda da resolução n.1363, tomando conhecimento nesta oportunidade que trata especificamente de área de anestesiologia; que acha importante que os médicos conheçam as resoluções do CFM; que tem conhecimento do código de ética médico(...).

Aqui se vê que tal testemunha, colega do aditado SÉRGIO, inclusive de especialidade médica, anestesia, mesmo tentando a todo custo proteger seu colega, como bem observou o MP (f. 4352, p.43, "apresenta certa confusão (...)"; "outro fato importante é a participação de Alberto em cirurgias de retiradas de órgãos"). Confirma, pela enésima vez, que não houve mesmo nenhuma 2ª arteriografia, pois se esta tivesse sido feita "estaria na pasta", incluindo o laudo (confirmando também o que disse a testemunha DILZA).

A testemunha FLÁVIO AZENHA, médico auditor, teve seu depoimento transcrito pelo MP às fls. 4354/4355 (pgs. 45/46) disse que: confirma o constante no Relatório da Auditoria, fls. 26 a 29 (atuais fls. 31/56), das rasuras do termo de autorização, faltando a assinatura da mãe da vítima; não foi assinalado o horário do suposto 2º exame clínico, sendo que este não poderia ser com prazo inferior a 6 horas; que PVP deu entrada no Pedro Sanches às 13:30 mas consta no prontuário como se fosse às 15:37 (nesse horário estava realizando tomografia fora); não há laudo para confirmar ou não a existência de um hematoma cerebral; o horário da cirurgia está anotado com divergência na ficha de anestesia e na folha de anotações da enfermagem; evidenciado o tratamento impróprio na UTI; que a central clandestina MGSUL TRANSPLANTES foi notificada às 13 h do dia 20/4/00, "o que é incoerente"; que ALVARO prescreveu medicamentos para a vítima; não há anotações de ALTA MÉDICA para a transferência para a SANTA CASA no dia 21/4/00; anotações rasuradas no prontuário médico; que segundo a ficha de internação

PVP deu entrada na SANTA CASA às 18:13 horas, contudo a ficha de anestesia aponta o horário de 17h. Necessária a transcrição:

> Que a equipe composta pelos doutores CLÁUDIO e CELSO SCAFI realizaram a retirada em bloco de órgãos, que foram encaminhados para transplantes, os rins foram transplantados na própria SANTA CASA DE MISERICÓRDIA e duas córneas encaminhadas para o INSTITUTO PENIDO BURNIER, da cidade de Campinas/SP, instituição não cadastrada no SUS; o depoente ressalta que na ficha de internação, de folha 167, Sumário de Alta Hospitalar, consta em seu anverso a descrição detalhada da cirurgia de retirada de órgãos e NÃO NO LOCAL ADEQUADO, de folha 166, onde deveria haver descrição detalhada da cirurgia; que DURANTE O PROCEDIMENTO OCORRERAM VÁRIAS IRREGULARIDADES ELENCADAS NO RELATÓRIO DE FLS. 26 a 29; que a coordenadoria de notificação, captação, distribuição de órgãos de Poços de Caldas/MG, denominada MG SUL TRANSPLANTES, NÃO POSSUIA ATOS CONSTITUTIVOS QUE A FORMALIZAVA LEGALMENTE, mas mantinha vínculo com a central estadual; que não FOI REALIZADA NECROPSIA; que no caso da doadora Maria Aparecida Damasceno dos Santos, foi retirado órgãos da mesma, DEZOITO HORAS DEPOIS da morte encefálica, conforme folha 207, JÁ NO CASO DE PAULO PAVESI FORAM RETIRADOS os órgãos logo após a neuroangiografia (...) (fls. 418/421, vol.2, depoimento confirmado em juízo, por precatória).

Como afirmado pelo representante ministerial, tal depoimento, a par de estarrecedor do que já vinha ocorrendo há anos na SANTA CASA (sem misericórdia), fortalece e comprova **"(...) verdadeiros e terríveis acontecimentos ocorridos nos dias em que Paulo Pavesi ficou ao alvitre"** dos denunciados e aditados (CELSO ROBERTO FRASSON SCAFI, CLÁUDIO

122

ROGÉRIO CARNEIRO FERNANDES e SÉRGIO POLI GASPAR), como está à f. 4354.

O depoimento de CARLOS MOSCONI (relativo ao processo do CASO1) está às fls. 4168/4171 do vol.17 e o interrogatório do réu CELSO (também do mesmo caso, com importantes subsídios para o entendimento do presente processo) estão às fls. 4172/4174, na fase inquisitorial, fls. 4175/4177.

As atas e mídias das precatórias para as ouvidas das testemunhas Flávio Azenha e Edward Ladislau estão às fls. 4303/4307. Ouvi atentamente o CD de áudio e vídeo em **21.1.14**. Sobre o depoimento de Flávio Azenha já se fez algumas considerações. Na CP, tal testemunha, médico, agora aposentado espontaneamente se recorda de pouca coisa, do nome da vítima, do nome do hospital Pedro Sanches, da conta cobrada do pai da vítima incorretamente, que houve o pedido de falência da microempresa do pai, das irregularidades nos prontuários, que **só viu a chapa da tomografia** e que das irregularidades foi emitida nota técnica.

A testemunha EDWARD LADISLAU demonstrou ainda estar com boa memória, mesmo um pouco avançado na idade: que estiveram na cidade várias vezes para avaliar irregularidades no transplante de uma criança e outras; que os problemas eram relativos a morte encefálica, <u>havia dúvidas quanto ao correto procedimento da morte encefálica</u> "não ficou claro, tão <u>definido</u>"; voltaram meses depois **para tentar localizar as radiografias, coisas assim, não conseguiram; o laudo também não foi localizado;** disse não poder falar hoje sobre conduta, <u>"o conjunto de documentos não me</u> <u>satisfez";</u> foi vista a questão da cobrança indevida; visitaram dois hospitais, um que não se recorda o nome e a SANTA CASA; **"o fato gerou grande comoção";** "a equipe que foi lá era de peso, importante"; a Defesa tentou confundir a testemunha com um "relatório complementar", inclusive juntado aos autos, cuja data de 28/2/2000 não foi confirmada pela testemunha, que disse ser o erro justificável, mas que "o colega em Poços de Caldas tinha noção da seção de transplante em São Paulo, que era dividido entre capital e interior", sendo cortado pelo advogado dos réus CELSO e CLÁUDIO, que pretendia mostrar que a CNCDO estadual, em BH, também tinha problemas, mas que um erro, não justifica outro. Sobre o apoio que BH dava à central ilegal, MG-SUL, já se comentou laudas atrás. O importante é que ambos os auditores confirmaram o contido nos relatórios, sendo que já foram ouvidos em diversas oportunidades, inclusive foram ouvidos na fase inquisitorial (fls. 415/417 e 418/421), em juízo (processo do júri) onde também confirmaram todos os fatos (fls. 1999/2002 e seguintes). No que realmente importa, o **Relatório de Auditoria n. 33/00, de dezembro de 2000, às fls. 31/56, com 56 laudas**, já citado várias vezes nesta sentença e confirmado pelas referidas testemunhas mais de uma vez, desmonta qualquer tese de defesa, tantas as irregularidades, ilegalidades constatadas em quase uma dezena de casos suspeitos, um verdadeiro "balcão de horror", escondido nas profundezas dos hospitais auditados, dirigido por um bando inescrupuloso e voraz.

As chamadas "questões pertinentes à anestesia", evocadas pela douta Defesa de CELSO e CLÁUDIO já foram espancadas quando se examinou os documentos juntados pela ilustre defesa de SÉRGIO, os testemunhos e especialmente quando se citou o relatório da CPI, que não deixou nenhuma dúvida a ser esclarecida na questão da anestesia. Examino outras provas dos autos.

Dentre as diversas aberrações se vê às fls. 341/342 do vol. 2 a nomeação por parte do então prefeito de Poços de Caldas, GERALDO THADEU, dos membros do SISTEMA MUNICIPAL DE AUDITORIA CONTROLE E AVALIAÇÃO, constando os nomes de MIRTES BERTOZZI e BERNADETE BALDUCCI SCAFI (mulher do aditado CELSO SCAFI e irmã de JOSÉ JULIO BALDUCCI, já citado nesta sentença e ex-secretário de saúde, por duas vezes). À f. 343 se vê um relatório assinado pela enfermeira

124

BERNADETE SCAFI exatamente sobre o CASO PAVESI, que envolvia, dentre outros o seu marido (quanta ética). O mais importante ali é que não se fala em 2ª arteriografia de quatro vasos em local algum do documento, que só menciona a arteriografia do Pedro Sanches. A máfia ainda não sabia o que havia sido descoberto e qual rumo os "ratos" tomariam para tentar sair do barco afundando.

As declarações do pai da vítima, em 23/3/01, no Procedimento da Procuradoria Geral de Justiça, se encontram às fls. 422/424, já mencionadas pelo MP em seus memoriais. Deve ser levado em conta que naquele momento, provavelmente não tinha ainda o conhecimento de toda a extensão do drama passado por seu filho e posteriormente por sua família. Parte das declarações já foi transcrita pelo MP às fls. 4352/4354, local que se remete os leitores/jurisdicionados.

Os documentos já maquiados, encaminhados por SÉRGIO LOPES, sendo encaminhados por BENEDITO NICOTERO ao Procurador José Jairo, estão às fls. 425/452 e nos apensos 24 e 25 estão devidamente demonstradas as suas inconsistências: é ridículo ver a descrição da cirurgia feita pelo aditado CLÁUDIO à f. 442v (local inadequado, verso da folha) e dá para ver claramente à f. 435 no local correto (descrição do ato cirúrgico) uma descrição feita pelo aditado CELSO SCAFI (onde se vê "paciente em DDH sem M.E) e depois da assinatura o que o réu constou DEPOIS, com outra caneta, a tentativa canhestra de consertar o que o seu inconsciente entregou: a vítima estava VIVA. Mais uma vez importante constar a inteligente dedução do RMP á f. 4332, p. 23:

> **Aqui, novamente, salienta-se ser suspeita a existência de duas descrições do ato cirúrgico (fls. 212/213 do vol.01), uma feita pelo réu Cláudio Fernandes e outra por Celso Scafi. O próprio Cláudio,**

assim como Celso, confirma que seriam desnecessárias duas descrições.

A Secretária da entidade PRORIM, Arethusa, foi ouvida e suas declarações estão às fls. 541/542 do vol.3, confessando que a entidade recebe "doações", tem duas contas bancárias e demonstra a promiscuidade entre a SANTA CASA, a PRORIM, Álvaro IANHEZ, MG-SUL TRANSPLANTES.

O eterno Presidente da PRORIM, Lourival DA SILVA BATISTA foi ouvido às fls. 543/544, confirmou tudo dito pela sua secretária, além de dizer que a SANTA CASA CUSTEAVA O ALUGUEL da sua entidade. Confirmou: o relacionamento com IANHEZ; que a PRORIM cedeu uma sala para a MG-SUL; que Arethusa também trabalha para a MG-SUL; que foi transplantado por MOSCONI E ANTES E DEPOIS DO TRANSPLANTE ERA PACIENTE DE IANHEZ, falando ainda da FILA DE ESPERA. Um absurdo total!

Os registros e estatuto do PRORIM estão às fls. 550/563, se vendo ali o dedo, ou melhor, a assinatura também de SÉRGIO ROBERTO LOPES (ex-PM), hoje feliz proprietário de muitos imóveis em Poços de Caldas e da empresa CENTRAL DE CERTIDÕES. Da sentença do CASO 1 se vê quanto ao tema:

> Tudo no HOSPITAL DA IRMANDADE DA SANTA CASA DE POÇOS DE CALDAS era feito numa irresponsabilidade total e ainda por cima com verba pública (seria necessária nova auditoria ali para saber se ainda não persistem todas aquelas mazelas). Mas a morte não era à toa, tinha uma finalidade. Serviria aos propósitos de manter Poços de Caldas como o maior centro transplantador do Estado, atrás apenas da Capital, fato confirmado pela testemunha JOSÉ TASCA, como se verá adiante. Não se olvide que dentro da tabela do SUS os procedimentos com maiores percentuais de ganhos são os relativos aos transplantes e o próprio deputado CARLOS

MOSCONI confirmou isso em juízo, apesar de negar quase todas as outras questões, até mesmo se já ouvira falar em entidade PRORIM ou "MG SUL TRANSPLANTES" que ele próprio inspirou, segundo consta, ao participar dos primeiros transplantes na cidade. Consta ainda que todos eram vizinhos de sala[64]: a clínica NEPHROS, de IANHEZ, a Central "MG-Sul Transplantes" dirigida por ele, a entidade PRO RIM – funcionariam na mesma sala ou andar- e o consultório de MOSCONI[65] e CELSO SCAFI, todas localizadas no prédio em frente à SANTA CASA (esta localizada na Praça Francisco Escobar s/n, que custearia o aluguel da Central clandestina, conforme auditoria (...). (f. 3683, p. 24).

Dentre os "direitos dos sócios" (art. 4º) "**IV- Beneficiar-se dos serviços da PRÓ-RIM e ter prioridade nos tratamentos onerosos e sofisticados**", leiam-se **TRANSPLANTES; (art.5º) São obrigações dos sócios: VI-Tomar conhecimento das listas de receptores de transplante renal**". Ai está a explicação para a atuação da sofisticada ORGANIZAÇÃO CRIMINOSA em ação no interior e nas proximidades da SANTA CASA que ceifou a vida da criança PVP e de outros pobres pacientes, tornados - contra a vontade-doadores cadáveres. Em vários dos casos, as famílias jamais desconfiaram da

---

64 Sobre tal "promiscuidade" veja o que assentou o Del. Célio Jacinto no relatório do IPL,030/2002, no qual indiciou IANHEZ por usurpação de função pública, posteriormente arquivado: "A secretária de Alvaro Ianhez também atuou na central MG SUL TRANSPLANTES, cumulativamente com seu trabalho na clínica do investigado, conforme declarações de fls. 231/233 sendo que a central funcionava inicialmente na própria clínica de ALVARO IANHEZ, posteriormente passou a funcionar nas dependências da entidade PRO RIM, contígua à clínica, conforme se vê nas declarações de LOURIVAL DA SILVA BATISTA, presidente da entidade PRO RIM, às fls. 198 e 199.

65 A ONG "MG SUL Transplantes foi criada em 1991, conforme artigo veiculado no Jornal Brasileiro de Transplantes, vol. 1, n.4: "Autores A.Ianhez, C.R.C Fernandes, C.E.V.Mosconi, S.Zenun, M.M.R.Bertozzi, J.A.C.Brandão, S.V.Vargas, C.F.Scafi Irmandade da Santa Casa Objetivos: Mostrar o trabalho realizado no serviço, em conjunto com hospitais da região do sul de Minas, que facilitou a captação de órgãos e a realização de transplantes renais e de córneas, viabilizando a regionalização destes serviços e, em conseqüência, a formação do MG SUL TRANSPLANTES, que há 8 anos vem funcionando como uma ONG (organização não governamental).(...)". Curiosamente, a maioria dos autores viraria investigado ou réu...

trama macabra ou vieram a tomar conhecimento, como se viu após a divulgação da sentença do Caso 1.

É de se ver a declarações da médica nefrologista MIRTES BERTOZZI às fls. 565/566, que de tão reveladores, dificilmente a mesma o repetiria ou teria a coragem de confirmá-lo nos dias de hoje ou em juízo. Necessária a transcrição, mais uma vez:

> Que normalmente a equipe médica da UTI da SANTA CASA notificava a equipe de transplantes da existência de potencial doador e um dos integrantes da equipe se deslocava até a SANTA CASA para verificação e acompanhamento da morte encefálica do doador através de exames neurológicos (arteriografia); que o antigo banco de órgão e olhos de Poços de Caldas foi extinto, sendo que durante a sua existência DR. ALVARO SOLICITAVA DOAÇÕES ESPONTÂNEAS DOS TRANSPLANTADOS;

Comprovado, ainda uma vez mais, o tráfico de órgãos, através das famigeradas "doações" disfarçadas. Tráfico novamente comprovado através das declarações de ADELAIDE (secretária de IANHEZ) às fls. 578/580:

> **Que no início os transplantados ou seus familiares doavam espontaneamente dinheiro para o Banco de Olhos, sendo que no caso JUSSÂNIA, transplantada de Pouso Alegre/MG, DR. ALVARO pediu doação (...) que o DR. ALVARO juntamente com o DR. JOÃO (...)**

Depois de mais essa espantosa declaração indicou tranquilamente as diversas contas bancárias, incluindo a famigerada UNICRED (da lavagem de dinheiro da SANTA CASA, ali REGINA CIOFI mantem conta até os dias de hoje e o mesmo fazem dezenas de médicos da SANTA CASA).

O volume 3 dos autos ainda contêm mais diversos depoimentos e declarações dos envolvidos e uma 3ª versão do prontuário da SANTA CASA da vítima e os receptores CIRO DONIZETE RUSSO e ANGEL MARIA DOS SANTOS) às fls. 663/773.

A 3ª versão do prontuário continua no vol. 4, das fls. 780 até fls. 863. Em seguida se vê o impressionante depoimento às fls. 867/868, de NAIR TEODORA SMITH CHUVA, mulher do aditado CLÁUDIO ROGÉRIO, onde a mesma confessa ter participado de cirurgia de implante de um dos rins da vítima PVP, mesmo sem fazer parte de equipe credenciada. Às fls. 870/871, o médico CLAUDI ROBERTO FERRAZ confessa fatos semelhantes, tendo operado receptor do outro rim da vítima e participado de outras cirurgias de transplantes sem ser credenciado.

Às fls. 993/994 a mãe de um dos receptores de uma das córneas da vítima PVP, SIRLENE BONIN, diz que fez uma "contribuição de R$ 600,00 pelo tecido.

O vol. 5 se inicia com o laudo de exumação da vítima à f. 1030, que nada informa de importante no deslinde do feito, apenas não elimina a possibilidade de que outros órgãos além dos rins (e as córneas, que são tecidos humanos) tenham sido removidos. Tal suspeita se fortalece devido às longas incisões feitas, nos restos, inclusive esparadrapos. Das "conclusões", inclusive citadas pelas Defesas, de "que a causa da morte foi PROVAVELMENTE TRAUMATISMO CRÂNIO-ENCEFÁLICO CONTUNDENTE" (com este destaque mesmo), como se vê à f. 1036, não passa disso[66]. Ou seja, se trata de uma mera probabilidade. Além disso, se levou em conta a história, que relata queda de uma área de lazer do prédio residencial. O TCE acabou levando a vítima às mãos de seus algozes e à morte dentro da SANTA CASA. Tal volume que vai até a f.1280, praticamente

---

66 Já se viu que a causa mesmo da morte é choque hipovolêmico, pela secção da artéria que irriga os rins, como está no livro "TRANSPLANTE" do médico KALUME, que denunciou o caso de TAUBATÉ.

se esgota com a exumação, especialmente com os anexos fotográficos, com páginas e páginas. Muita gente ficou com medo da exumação, mas o avançado estado de decomposição dos restos, que praticamente só continha as partes duras, garantiu a aparente tranquilidade dos envolvidos no crime.

O **laudo pericial às fls. 1766/1767 do vol.7** só poderia mesmo concluir que os SETE FILMES RADIOGRÁFICOS de um crânio humano são compatíveis com as fotografias da exumação do cadáver, porque se trata DAS SETE CHAPAS da ARTERIOGRAFIA FEITAS NO PEDRO SANCHES, aprendidas no processo da 2ª VARA CÍVEL (processo contido no APENSO 31), como já indiquei. As fotografias às fls. 1768/1774 inclusive denotam a presença do CONTRASTE (o paciente NÃO ESTAVA EM MORTE ENCEFÁLICA), o que prova que É MESMO O EXAME DE ARTERIOGRAFIA FEITO NO PEDRO SANCHES. Por tal razão as doutas Defesas silenciaram quanto ao laudo mencionado, só ficando em alegações vazias, sem ênfase ou invocando aspectos meramente formais. Está provado nestes autos mais esta tentativa de induzir a Justiça em erro, com afirmações levianas, fruto do desespero, tentando confundir os julgadores. Deixo de tecer maiores considerações sobre tal tentativa de fraude processual, pois já o fiz laudas atrás. Tal logro não seria possível sem a participação de pessoas ligadas à Polícia e até ao MP, com bastante influência política. Não se preocupavam nem mesmo com as aparências. **As chapas do "RAIO-X" vistas pelo ilustre Procurador ADAILTON foram as chapas da arteriografia feita no PEDRO SANCHES (se é que viu) e estas, decididamente, INDICAVAM QUE A VÍTIMA, A CRIANÇA PVP,** ESTAVA MAIS VIVA que muitos por aqui (que só perdem para os VIVALDINOS de plantão, parece que em Poços tem até escola de samba com esse nome, sem querer desmerecer tal agremiação que não conheço).

Já posso parar por aqui a fundamentação desta sentença, que será condenatória, por tudo o que foi visto, mostrado, provado e comprovado. As tentativas e as fraudes perpetradas no decorrer dos processos, denotam a intensa culpabilidade dos réus. Estes preferiram deixar os seus destinos interligados, uns procurando defender os outros, na vã tentativa que todos se salvem. Mas ainda foi citar um depoimento da VIÚVA do administrador da SANTA CASA que se encontra às fls. 1815/1818 do vol. 8. Tais declarações incriminam várias pessoas que ali são citadas, mas, até o presente momento, não houve UMA INVESTIGAÇÃO SÉRIA para apontar os culpados por tal morte. Existe esse e vários esqueletos que insistem em permanecer nos armários. Até quando?

À f. 2432 do vol.10 se vê uma Ata de Audiência perante a 4ª Vara da Justiça Federal de Belo Horizonte, presidida pela MM. Juíza, Dra. Adriane Luísa Vieira Trindade, se comprovando uma das várias vezes que a testemunha CARLOS EDUARDO VENTURELLI MOSCONI deixou de comparecer, certamente com a intenção de procrastinar o andamento do feito, estratégia que muitos anos depois se mostrou mesmo acertada, pois não houve julgamento até hoje e nem haveria se dependesse de tais pessoas (fora as prescrições já conseguidas).

A partir desse vol. 10 deixo de mencionar os demais volumes (até o atual vol.18), podendo as consultas ser feitas pelos leitores eventuais ao contido no Relatório da seção 1 desta sentença, por que existem muitas cópias repetidas. Tudo que era relevante foi mencionado ali.

No **apenso 1 vol.4** existem várias auditorias da Secretaria Estadual de Saúde na SANTA CASA, setor de hemodiálise, salas de cirurgia, sendo detectadas várias irregularidades desde 1998. À f.208-tj se vê um relatório RDC-ANVISA n. 46 de 18/5/2000:

A continuidade do funcionamento da UNIDADE DE TERAPIA RENAL SUBSTITUTIVA está condicionada ao cumprimento das exigências abaixo: trocar os recipientes do tratamento de água de diálise, que estão remendados; eliminar o vazamento da água do teto da sala de reuso; realizar análise bacteriológica da água de diálise conforme o disposto na portaria GM/MS n. 82 de 08 de fevereiro de 2000, acompanhar os resultados e adotar medidas cabíveis sempre que os parâmetros estiverem em desacordo com os valores máximos estabelecidos na citada portaria. O prazo para cumprimento das exigências da UTRS será de 7 dias a partir da publicação desta. A presente determinação não anula as exigências anteriores. Belo Horizonte, 8 de janeiro de 2002. CARLOS PATRÍCIO FREITAS PEREIRA SECRETÁRIO DE SAÚDE DE MINAS GERAIS. (Grifei).

No **apenso 9** (antigo apenso13) se vê às fls. 16/51 AÇÃO CIVIL PÚBLICA do MPF contra Orlando Graciose, Breno Moreira, Luiz Henrique Costa, Azer Elians Zenun e JOÃO CARLOS OLIVEIRA ARAÚJO. Às fls. 85/106 AÇÃO POR IMPROBIDADE ADMINISTRATIVA do MPE contra Orlando Graciose, Azer Zenun, JOSÉ JULIO BALDUCCI e GERALDO THADEU PEREIRA DOS SANTOS. Às fls. 107108, DENÚNCIA CRIMINAL contra BALDUCI e GERALDO TADHEU pelo delito do art. 299 parágrafo único, do CP.

Os contratos sociais do suspeito LABORPOÇOS estão às fls. 11/16-tj do **apenso14**, sendo o sócio principal o ex-prefeito cassado de Alfenas JOSÉ WURTEMBERG MANSO, o BERG.

Deixo, finalmente, a consulta aos apensos – que são em número de 31- (da mesma forma que mencionei quanto aos volumes dos autos, que são,

132

atualmente, 18) que não foram expressamente citados, para aqueles, que como eu, "mergulham" fundo nos documentos à procura da verdade. Até disso já fui acusado (vide exceção de suspeição em 4 volumes, apenso 26), mas "absolvido" pela instância superior que a rejeitou.

A transcrição da CONCLUSÃO do ilustre RMP à **f. 4365 (p.57)** se faz mais uma vez, necessária por absolutamente correta, convencendo este magistrado da culpabilidade dos réus, que não são inocentes, como está devidamente provado no processo:

> Assim, conclui-se que os réus CELSO ROBERTO FRASSON SCAFI, CLÁUDIO ROGÉRIO CARNEIRO FERNANDES e SÉRGIO POLI GASPAR **cometeram o delito tipificado no art. 14, § 4º da Lei 9.437/97** ao iniciarem os procedimentos cirúrgicos para a retirada de órgãos em criança viva, baseando-se em diagnósticos não condizentes com a realidade, aderindo à conduta criminosa anteriormente perpetrada por Álvaro Ianhez, José Luiz Gomes da Silva, Marco Alexandre Pacheco da Fonseca e José Luiz Bonfitto.
>
> Por todo o exposto, **conclui-se que a prova colhida não favorece os aditados**, eis que desqualifica as negativas de autoria apresentadas por eles, fulcradas em sua maioria por argumentos EVASIVOS e DESARRAZOADOS, mera tentativa graciosa e INVEROSSÍMIL de se furtarem à ação da Justiça. (Destaquei).

Importante também a transcrição do que consta à p. 63 da sentença do CASO 1, eis que aplicável ao presente caso[67]:

> Afastadas, pois, todas as teses da digna Defesa, posto que: não houve causa excludente de ilicitude; os fatos narrados na

---

67 F. 3722 do vol. 15 dos autos.

denúncia são crime, com expressa previsão legal e, como visto, nunca atípicos; os fatos estão convenientemente provados e não são inexistentes e por óbvio, constituem infração penal com a lei cominando penas de reclusão. Quanto à fixação da pena no mínimo legal, como quer a Defesa, entendo não ser possível, conforme a fundamentação que será feita no momento oportuno, não esquecendo a lição do Eminente Ministro Marco Aurélio de Mello por ocasião do recente julgamento da Ação Penal n. 470: "Se uma das circunstâncias judiciais for negativa não há como fixar a pena no mínimo".

Provadas, portanto, as autorias por parte dos réus aditados, da mesma forma que a materialidade, sendo todos responsáveis pela retirada de órgão da vítima, ainda viva, causando-lhe a morte, por via de consequência. Agora é só aguardar as mesmas campanhas por parte dos tabloides e tevês locais, as notas publicadas pela SANTA CASA[68], pela associação dos médicos, as "cartas abertas à população", na tentativa de "tapar o sol com peneira", os ataques pessoais, à segurança e profissionais a este magistrado, que, contudo, tem carapaça e couro bem curtido.

V- DO DISPOSITIVO

DIANTE DO EXPOSTO e por tudo o mais que dos autos consta, julgo PROCEDENTE A AÇÃO para CONDENAR os réus CELSO ROBERTO FRASSON SCAFI, CLÁUDIO ROGÉRIO CARNEIRO FERNANDES e SÉRGIO POLI GASPAR nas penas previstas **no § 4o do art. 14 da Lei n. 9.434/97**,

---

68 A engrenagem da Máfia é preventiva e há meses a SANTA CASA vem publicando anúncios pela mídia, inclusive em *outdoors*, propagandeando suas supostas qualidades, números de hemodiálises, etc. já antevendo uma nova condenação, pois, como envolvidos, sabem mais sobre os fatos criminosos que a maioria das pessoas comuns.

combinado com o art. 29 do Código Penal (CP), pois concorreram de algum modo para a prática do crime, na medida de suas culpabilidades. Passo a dosear-lhes as penas, nos termos dos artigos 59 e 68, ambos do CP.

VI- DA DOSIMETRIA DAS PENAS

Segundo lição do Eminente Desembargador Antônio Armando dos Anjos na **Apelação Criminal n. 1.0518.12.019256-3/001, julgada em 6.8.13**, a pena não pode ser fixada com exacerbação, atendendo sempre o princípio da proporcionalidade, "de modo a se aquilatar a sanção estatal aos contornos objetivos e subjetivos da prática ilícita perpetrada pelo réu". Preleciona o douto magistrado de 2º grau mineiro:

> Com efeito, a pena é uma sanção imposta imperativamente pelo Estado, por intermédio de uma ação penal, ao criminoso como retribuição ao delito praticado e como uma forma de prevenção à prática de novos crimes. Contudo, ela não pode ser arbitrada ou fixada ao bel prazer e à conveniência dos julgadores, de maneira desfundamentada, mas, pelo contrário, deve seguir os procedimentos estabelecidos para tanto.

Continua o culto desembargador em seu voto condutor:

> A individualização das penas é um princípio constitucionalmente assegurado, em seu artigo 5º, inciso XLVI, CF, representando, sobretudo um direito fundamental do indivíduo e, concomitantemente, uma garantia humana

135

fundamental. Trata-se, na verdade, de um direito subjetivo do acusado de obter, na hipótese de uma sentença penal condenatória, a pena justa, imparcial, livre de qualquer padronização em decorrência natural e lógica dos processos de cálculo da pena, evitando-se, assim, os abusos e arbítrios praticados nos processos criminais de outrora. Fixando a reprimenda em patamar acima do mínimo legal, deve, obrigatoriamente, o sentenciante fundamentar os motivos que o levaram a estabelecer as reprimendas neste *quantum*.

Quanto ao tema em comento, há que se voltar ao preclaro Procurador de Justiça, DR.JOSÉ FERNANDO MARREIROS SARABANDO, no mesmo julgamento da Apelação Criminal n. 1.0518.12.005685-9/001, já mencionada:

> Quanto à dosimetria da penas, redundou em um *quantum* correto e justo, em função dos indeclináveis parâmetros contidos (...) e art. 59 do CP (atenção às circunstâncias do crime). (p.8).

Continua o mestre SARABANDO, do MP das Minas Gerais:

> De fato, reza o art. 59, *caput,* do CP, que o juiz, analisando os sete critérios acima elencados (ainda existe um oitavo critério, "comportamento da vítima" (...), estabelecerá, com vistas à necessidade e à suficiência para fins de reprovação e de prevenção do crime, a espécie das penas, a quantidade delas, o regime inicial de cumprimento e a eventual substituição, quando cabível. (p.9).

Neste ponto, o culto Procurador de Justiça, vai ao cerne da controvérsia instalada quando o assunto é dosimetria penal:

> **Demais disso, pena-base não vem a ser sinônimo de pena mínima ou próxima do patamar mínimo legal**. Ora, o juiz tem ampla liberdade na fixação da pena, desde apenas que o faça em ato decisório suficientemente fundamentado, atendendo ao conjunto das referidas circunstâncias do art. 59 do códex (...) e absolutamente dentro dos limites legais. (p.10, destaquei).

Ainda não devem ser esquecidas velhas lições, lembradas pelo ilustre Procurador de Justiça citado, produto da experiência acumulada:

> Dessarte, devendo a pena criminal, na magistral lição do mui eminente desembargador do eg. TJMG dr. JOSÉ ARTHUR DE CARVALHO PEREIRA, de saudosíssima memória, situar-se na região de equilíbrio entre o máximo de satisfação para a sociedade e o mínimo de aflição para o acusado, tem-se que a fixação das penas, como deliberado pelo MM. Juiz de direito *a quo*, talvez seja suficiente para os fins preconizados pelo sancionamento penal (repressão do delito e sua profilaxia a chamada "prevenção geral e especial") .Cabível, a esta altura, mais um voto de louvor ao insigne sentenciante, dr. NARCISO ALVARENGA MONTEIRO DE CASTRO[69], porquanto S.EXa. **parece mesmo não aderir à nefasta "moda" ou "onda" de fixação- cômoda, inconsistente, insistente e impertinente-, de pena mínima**.(p.11).

---

69 A citação de meu nome no parecer ministerial não me leva nem à falsa modéstia ou a ficar "me achando" - pois douto não sou - eis que foi feita em diversos processos e corresponde mesmo a verdade: não sou adepto da pena mínima, com vênia aos de entendimento em contrário.

Continua o ilustre membro do *parquet* mineiro, para finalizar o assunto:

Salvo melhor juízo dos realmente doutos, o rotineiro sancionamento nos menores patamares possíveis do tipo penal, que já há alguns anos vem se mostrando como verdadeiro "modismo judiciário", nada mais é do que uma atuação em detrimento da análise minuciosa do rico e excelente art. 59 do CP. Sobre essa "padronização" da pena mínima, aliás, assim se posiciona o célebre GUILHERME DE SOUZA NUCCI (Código Penal Comentado, S. Paulo Editora RT, 10ª Ed.2011, pp. 395/6):

2.Política de pena mínima: **tem sido hábito de vários juízes brasileiros, de qualquer grau de jurisdição, optar, quase sempre, pela aplicação da pena mínima aos acusados em julgamento.** Desprezam-se em verdade, os riquíssimos elementos e critérios dados pela lei penal para escolher, dentre o mínimo e o máximo cominados para cada infração penal a pena ideal e concreta para cada réu. Não se compreende o que leva o Judiciário majoritariamente, a eleger a pena mínima como base para a aplicação das demais circunstâncias legais. Afinal, o art. 59, mencionando oito elementos diversos, almeja a aplicação da pena em parâmetros diferenciados para os réus submetidos a julgamento. **A padronização da pena é contrária à individualização** de modo que é preciso alterar essa conduta ainda predominante. (...) Logicamente, a maior extensão dos danos deve repercutir na dimensão das penas, forçando a elevação do castigo. A despeito disso, há anos generalizou-se no foro o hábito de impor os castigos nos limites mínimos, com abstração das circunstâncias peculiares a cada delito. **Entretanto, pena-base não é sinônimo de pena mínima.** Não se sabe bem o que leva magistrados tão diferentes, das mais diversas comarcas do estado, a assimilar os mais distintos casos, para puni-los, quase invariavelmente, no mesmo patamar, como se não apresentassem uma gravidade específica, própria e inconfundível. Decididamente, não é por falta, na lei, de parâmetros adequados. Ainda sobre o tema, NUCCI pontifica, na mesma obra: "(...) é defeso ao magistrado deixar de levar em consideração as oito circunstâncias judiciais existentes no art. 59, caput, para a fixação a pena-base. **Apenas se todas forem favoráveis, tem cabimento a aplicação da pena no mínimo. Não sendo, deve ela situar-se acima da previsão mínima feita pelo legislador (...)".** (p.11/12).

Com tais ensinamentos em mente, levando em consideração[70]: todas as circunstâncias judiciais, bem como as circunstâncias do fato; a gravidade do delito perpetrado; a imensa repercussão social alcançada; as condições individuais de cada sentenciado e da vítima, uma criança de dez anos; a maior capacidade financeira e de instrução dos réus, médicos, amplamente demonstradas nos autos; o prejuízo causado pelos réus pela afronta ao princípio da fidelidade às normas e ao Direito[71], como, por exemplo, o enorme dano causado ao Sistema de Transplantes brasileiro e à Saúde Pública[72], que ficam

---

70 No meu entendimento tudo isso corresponde a chamada CULPABILIDADE, que nada mais é do que o resumo de todas as circunstâncias do art. 59 do CP. Por óbvio que não corresponde ao conceito de "culpabilidade" como um dos requisitos do conceito analítico de crime, enquanto "fato típico, ilícito e culpável". Tal confusão conceitual ainda é recorrente entre os doutrinadores (que não tocam no assunto) e mesmo na jurisprudência ou nas sentenças. Em muitas decisões já analisei a culpabilidade dentro dos conceitos de Gunther Jakobs (funcionalismo) e fui incompreendido.

71 Seguindo os ensinamentos de Jakobs (que bebeu na fonte de Luhmann), culpabilidade seria a "falta de fidelidade em relação ao direito, atuando como desautorização da norma". Vide: JAKOBS, Gunther. O que protege o direito penal: os bens jurídicos ou a vigência da norma? Trad. Manuel Cancio Meliá. Apud CASTRO, Narciso A.M. *Política criminal contemporânea e a questão do direito penal do inimigo.* Porto Alegre: Núria Fabris Ed.,2010, p.80.

72 Na obra acima citada mencionei decisão da justiça italiana que condenou fraudadores do sistema de saúde daquele país a indenizar o Estado por dano à imagem do país e apliquei tal ensinamento em outras sentenças, ainda quando juiz da Capital.

em descrédito perante a população, com péssimas repercussões internacionais, passo a analisar a situação de cada apenado, individualmente, fixando as penas em patamar superior ao mínimo, de modo fundamentado, nos termos preceituados pela Constituição Federal, nos moldes preconizados pelos "realmente doutos".

A) SÉRGIO POLI GASPAR

1. Quanto à **culpabilidade,** verifica-se que o grau de reprovabilidade do delito é elevado, extrapolando os limites da normalidade, haja vista que o réu, fazendo uso de sua profissão de médico anestesista, ajudou a remover os órgãos (rins) e tecidos humanos (córneas) de uma criança, sem mostrar nenhuma preocupação com a infeliz vítima ou sua família, tendo plenas condições de entender o caráter ilícito de sua conduta; não procurou saber se o protocolo de morte encefálica foi corretamente produzido; teve a desfaçatez de ajuizar ação de indenização contra o pai da vítima; não examinou se havia ou não exame arteriográfico que comprovasse a morte, anestesiando-a e permitindo, assim, a ação dos outros réus, todos em conluio para auferir maiores lucros, procurando conferir aspectos de legalidade a um ato abjeto, vil e imoral; arrogância demonstrada e tentativa de intimidação de testemunha em audiência; acredito que tal culpabilidade não pode ser inerente ao tipo penal em exame; **antecedentes, personalidade** e **conduta social** indiferentes para a fixação da pena ou sem dados para avaliar, pois se as analisasse de outra forma seria mesmo decotada[73]; quanto aos **motivos,** faço um juízo negativo, mais gravoso, posto que foram os mais baixos possíveis, de auferir lucros fáceis, não inerentes ao tipo penal; a intenção dos médicos, incluindo o réu, era

---

73 Entendo que responder a outros inquéritos, ter outra condenação mesmo sem trânsito em julgado, já são "maus antecedentes" e existe doutrina e jurisprudência nesse sentido, mas hoje os tribunais estão majoritariamente considerando que não, o que é uma pena, literalmente. No meu humilde entender, o juiz pode sim analisar a personalidade do réu sem precisar usar um laudo médico ou psicológico.

140

de ganhar mais com a venda (tráfico) dos órgãos da vítima; as **consequências** do delito foram graves, mais exacerbadas que o normal da espécie, extrapolando os limites da normalidade, tendo em vista o mal causado pelo réu à vítima ou à sua família e à própria sociedade, que perde a confiança em seus médicos, acreditava sair impune, como os demais ;a **vítima** não contribuiu para a prática do delito, pois se um paciente em situações menos dramáticas já fica à mercê dos médicos, imagine uma criança de 10 anos, sem nenhuma defesa, dopada por um coquetel de remédios e depressores que lhe deixaram em coma induzida premeditadamente para facilitar a consumação do crime sem levantar maiores suspeitas. Vai ficar com as penas um pouco abaixo dos demais, pois teve um rasgo de humanidade ou lampejo de sua consciência e anestesiou a vítima para que sofresse um pouco menos.

Assim, verifico serem as circunstâncias examinadas <u>quase que totalmente desfavoráveis[74], especialmente a culpabilidade, os motivos e as consequências, fixando a pena-base acima do mínimo legal</u>, ou seja, em 14 (quatorze) anos de reclusão e 250 (duzentos e cinquenta) dias multa, **como suficientes para a prevenção e repressão à prática de novos delitos.**

2- Não há atenuantes, nem mesmo a da confissão, visto que em nenhum momento o réu admitiu ter ajudado a remover os órgãos da vítima viva, levando-a ao óbito.

3- Não há agravantes a serem consideradas e inexistem causas de diminuição e aumento de penas a serem consideradas.

Declaro assim definitivas e concretas as sanções em <u>14 (quatorze) anos de reclusão e 250 (duzentos e cinquenta) dias multa, fixado cada dia multa - dada a excelente condição financeira do réu - em 2,5 (dois e meio) salários mínimos, nos termos do artigo 49 do CP.</u>

---

74 Lembrar a lição do Min. Marco Aurélio, se somente uma delas for desfavorável já se justifica a pena acima do mínimo.

O regime inicial de cumprimento de sua pena será o FECHADO, consideradas as circunstâncias judiciais, bem como o *quantum* da pena aplicada.

B) CELSO ROBERTO FRASSON SCAFI

1. Quanto à **culpabilidade,** verifica-se que o grau de reprovabilidade do delito é muito elevado, entendia perfeitamente bem o caráter ilícito de suas condutas, extrapolando os limites da normalidade, haja vista que o réu, fazendo uso de sua profissão de médico, removeu órgãos humanos em desacordo com disposição legal, levando-a à morte, sabendo que estava VIVA, sem mostrar nenhuma preocupação com a infeliz vítima ou sua família, acreditava que sairia impune sendo cunhado do Secretário de Saúde do Município e amigo de outros políticos; operou ainda a vítima JDC, matando-a, quando a SANTA CASA não mais tinha AUTORIZAÇÃO para fazer TRANSPLANTES, não mostrou qualquer arrependimento, ao contrário, sempre foi arrogante, acreditando na impunidade; tal juízo reprovativo não é apenas inerente ao próprio tipo penal, eis que retirou os rins e possivelmente outros órgãos da vítima, uma criança, que estava viva e sob efeito de depressores do SNC; o crime é vil, abjeto, repartindo uma pessoa para vender seus órgãos, como tinha conhecimento; seu subconsciente o traiu e escreveu que a vítima NÃO ESTAVA EM morte encefálica, pois não houve exame de ARTERIOGRAFIA na SANTA CASA; tentou fraudar as provas; inseriu dados falsos no prontuário médico; **antecedentes, personalidade** e **conduta social** indiferentes para a fixação da pena ou sem dados para avaliar; quanto aos **motivos,** faço um juízo negativo, mais gravoso, posto que foram os mais baixos possíveis, de auferir lucros fáceis (como visto, somente em um transplante teria auferido oito mil reais, como consta da CPI do TRÁFICO DE ÓRGÃOS e ganhava mais de vinte mil reais do SUS pelos transplantes); ajudou a montar a ONG MG-SUL

142

TRANSPLANTES, ilegal, com lista própria de receptores; as **consequências** do delito foram graves, mais exacerbadas que o normal da espécie, extrapolando os limites da normalidade, tendo em vista o mal causado pelo réu à vítima, que morreu, nunca atingindo a idade adulta ou à sua família, que sofre até hoje a perda que não é natural e à própria sociedade, que perde a confiança em seus médicos, acreditava sair impune; a **vítima,** inocente, não contribuiu para a prática do delito.

Assim, entendo tais circunstâncias como preponderantemente desfavoráveis, fixando a pena-base em 18 (dezoito) anos de reclusão e 320 (trezentos e vinte) dias multa.

2- Não há atenuantes, nem mesmo a da confissão.

3- Não há agravantes a serem consideradas e inexistem causas de diminuição e aumento de penas a serem consideradas.

Declaro assim definitivas e concretas as sanções em18 (dezoito) anos de reclusão e 320 (trezentos e vinte) dias multa, fixado cada dia multa - dada a excelente condição financeira do réu, que mora no Bairro Jardim Novo Mundo, com somente moradores do mais alto poder aquisitivo da cidade, que ainda depois dos fatos continuou a fazer transplantes - em 3 (três) salários mínimos, nos termos do artigo 49 do CP.

O regime inicial de cumprimento de sua pena será o FECHADO, consideradas as circunstâncias judiciais, bem como o *quantum* da pena.

C) CLÁUDIO ROGÉRIO CARNEIRO FERNANDES

1. Quanto à **culpabilidade,** verifica-se que o grau de reprovabilidade do delito é elevado, extrapolando os limites da normalidade, não sendo meramente inerentes ao tipo penal, sabia bem o que estava fazendo e o porquê, haja vista que o réu, fazendo uso de sua profissão de médico cirurgião urologista, removeu órgãos humanos de uma vítima, sabedor que a mesma estava viva; não examinou o protocolo de morte encefálica, sendo que não foi feito o exame complementar obrigatório, sem mostrar nenhuma preocupação com a infeliz vítima ou sua família; operou irregularmente vários doadores; **antecedentes**, **personalidade** e **conduta social** indiferentes para a fixação da pena ou sem dados para avaliar; quanto aos **motivos**, faço um juízo negativo, posto que foram os mais baixos possíveis, de auferir lucros com o sofrimento alheio; confessou em autos conexos auferir grande renda com os transplantes de órgãos e sabia das atividades ilícitas da ONG MG-SUL TRANSPLANTES; as **consequências** do delito foram graves, mais exacerbadas que o normal da espécie, extrapolando os limites da normalidade, tendo em vista o mal causado pelo réu à vítima ou à sua família, dada a ignomínia praticada, e à própria sociedade, que perde a confiança em seus médicos e no sistema de transplantes, acreditava, como os demais, na impunidade, por estar acobertado por políticos influentes ;a **vítima** não contribuiu para a prática do delito, pois era uma criança inocente de 10 anos apenas.

Assim, vejo tais circunstâncias como preponderantemente desfavoráveis, ao meu sentir, fixando a pena-base em 17 (dezessete) anos de reclusão e 320 (trezentos e vinte) dias multa.

2- Não há atenuantes, nem mesmo a da confissão.

3- Não há agravantes a serem consideradas e inexistem causas de diminuição e aumento de penas a serem consideradas.

Declaro assim definitivas e concretas as sanções em <u>17 (dezessete) anos de reclusão e 320 (trezentos e vinte) dias multa, fixado cada dia multa - dada a excelente condição financeira do réu, declarada pelo próprio, que é casado também com uma médica - em 3 (três) salários mínimos, nos termos do artigo 49 do CP.</u>

O regime inicial de cumprimento de sua pena será o FECHADO, consideradas as circunstâncias judiciais, bem como o *quantum* da pena.

VII- DAS MEDIDAS CAUTELARES E DO DECRETO DE PRISÃO PREVENTIVA

Ao receber o aditamento à denúncia contra os réus, ora aditados, apliquei aos mesmos – a requerimento do MP – medida cautelar de cessação das atividades de prestação de serviços médicos perante o SUS. A medida foi sustada pelo E. TJMG, como está às fls. 3887/3892, pois foi concedida ordem em *habeas corpus* impetrado pelos réus. Entenderam os cultos desembargadores da 3ª Câmara Criminal, em resumo, que haveria uma excessiva cautelaridade, pois a instrução, àquela época, ainda estaria no início.

Veja-se:

> Dessa forma, tenho que a medida decretada se mostra de uma cautelaridade excessiva, porquanto os pacientes exerceram normalmente sua função pública por mais de 10 anos e, embora a instrução tenha retomado o seu curso, não há previsão quanto ao seu encerramento, razão pela qual a concessão da ordem é medida que se impõe. (f.3891 do vol.15).

Data vênia aos que entendem de modo diverso, penso que a situação descrita pelo Eminente Desembargador Relator em seu judicioso voto (que foi acompanhado por seus não menos ilustres pares) mudou radicalmente. Agora se trata de uma sentença condenatória (ainda que não definitiva) e dois dos réus já foram também condenados por fatos análogos, o que justificaria a imposição da medida cautelar, sem prejuízo da decretação de suas prisões pelas razões que se irá expor à frente. Conforme o escólio de RENATO BRASILEIRO DE LIMA, citado no acórdão mencionado (*Habeas Corpus* n. 1.0000.13.015724-1/000), "se trata de medida cautelar específica cuja

145

utilização está voltada, precipuamente, a crimes praticados por funcionário público contra a administração pública (...)"[75]. Os réus aditados são servidores públicos e houve lesão à administração pública, pois verbas do SUS foram recebidas indevidamente. Até o trânsito em julgado das sentenças condenatórias, muito tempo irá passar, pois recursos e mais recursos serão impetrados, dado o poderio financeiro dos réus e a infinidade dos recursos `a disposição (por uma legislação retrógrada, pouco afinada com os dias atuais). Não é justo e direito que os réus continuem atendendo a população inocente, gerando sensação de insegurança, especialmente aos pacientes mais pobres e carentes (a clientela do SUS). Tal medida <u>de cessar de imediato suas atividades de prestação de serviços médicos pelo SUS, seja em consultórios, hospitais públicos ou particulares conveniados com o SUS, não podendo realizar quaisquer consultas ou procedimentos pelo SUS</u>, tem expressa previsão legal. Também foi aplicada, de ofício, no RESE n. 1.0518.08.148802-6/001, pelo ilustre Desembargador Relator, Flávio Leite, em decisão que admitiu o julgamento dos médicos perante o Tribunal do Júri. A fundamentação esposada por ocasião da sentença do caso 1, que ora se transcreve, se amolda ao presente caso, bem como a fundamentação lançada por ocasião do recebimento do aditamento às fls.3430/3433 do vol. 14, que fica fazendo parte da presente:

> Por tais razões e mais aquelas já constantes dos autos, mantenho a CAUTELAR até o trânsito em julgado desta ou posterior decisão judicial, proibindo os réus de se ausentarem do país ou mesmo da Comarca, sem prévia autorização do juízo. **Oficie-se à Polícia Federal para tomar conhecimento e medidas pertinentes, inclusive informar ao juízo se foi expedido outro passaporte para o réu JOÃO ALBERTO,**

---

75 LIMA, Renato Brasileiro de, *Nova prisão cautelar: doutrina jurisprudência e prática*, Niterói/RJ, Impetus, 2011, p.363-364).

com cópia do passaporte ora apreendido. Além desta, aplico a todos os réus, de ofício, outra medida cautelar diversa da prisão preventiva, de AFASTÁ-LOS DO AMBIENTE HOSPITALAR, ou seja, o **imediato cessar de suas atividades de prestação de serviços médicos pelo Sistema Único de Saúde (SUS), seja em consultórios, hospitais públicos ou particulares conveniados com o SUS, não podendo realizar quaisquer consultas ou procedimentos pelo SUS**. Tal medida tem previsão expressa no artigo 282, parágrafo segundo e artigo 319, incisos IV e VI, ambos do CPP, e que "segundo a melhor doutrina, é mais do que possível, é dever do Magistrado, posto que o bom andamento do processo é mister a seu cargo"[76]. A gravidade concreta dos brutais delitos cometidos, por si só, recomendaria a adoção de mais esta medida cautelar. Além disso, coexiste a circunstância de ter sido praticados por médicos, no exercício de suas funções públicas, pois agiam prestando serviços ao SUS (ainda que alguns cobrassem por fora), valendo-se de suas condições profissionais para tanto, possibilitando ainda a sua dissimulação e dificuldade no desacortinamento dos mesmos. Mantidos tais (maus) profissionais no ambiente hospitalar, notadamente agora com sentença condenatória, é capaz de gerar insegurança para a sociedade por eles "assistida", notadamente naqueles mais carentes que só têm o SUS para se valer. Muitos poderiam até deixar de procurar socorro médico em razão de fundada desconfiança, baseada não em especulações mas em provas dos autos, afirmadas pela Polícia Federal, Ministério Público Federal, Estadual, bem como nesta Sentença. A insegurança pública gerada pela manutenção desses médicos no ambiente hospitalar, até que sobrevenha o trânsito em julgado, é evidente e reclama forte medida por parte do Poder Judiciário, que pode e deve garantir a ORDEM

---

76 Em caso semelhante ao dos autos, já citado alhures, veja-se o recente julgamento do Recurso em Sentido Estrito **1.0518.08.148802-6/001**, Rel. Des. Flávio Leite, data do julgamento 23.10.2012, publicado o acórdão em 31.10.2012.

PÚBLICA. Fique claro que a presente medida não afasta os réus totalmente de sua função de médico, não interferindo na sua atuação estritamente privada, não vinculada direta ou indiretamente com o SUS. (Fls. 3723/3724 da sentença caso 1).

Oficie-se ao Ministério da Saúde, Prefeitura Municipal, Secretaria Municipal e Estadual de Saúde, bem como aos hospitais da região, comunicando desta decisão, com cópias, para que seja imediatamente suspensos os credenciamentos dos condenados no SUS.

Dado o *modus operandi* perpetrado, da quadrilha que vem sendo investigada, de suas ramificações e periculosidade, com os demais casos investigados, denunciados, inclusive com condenação em primeira instância de dois dos ora condenados; dado o poder já demonstrado da Organização Criminosa, inclusive de influenciar pessoas e instituições, morte e ameaça de pessoas, alterar provas, inclusive uma testemunha no caso da investigação da morte do ex-administrador da SANTA CASA; visto que outros processos e inquéritos estão em andamento, a conveniência da instrução, a garantia da ordem pública e para se garantir a aplicação da lei penal, podem e recomendam o decreto da prisão preventiva, pois somente as medidas cautelares não se mostraram adequadas para deter a ação dos criminosos, que não se detêm por nada, ameaçando inclusive o magistrado. Em liberdade, os réus ficarão sentindo-se livres e à vontade para maquinar novas maneiras de atrapalhar a colheita das provas, como fizeram no decurso de todas as investigações do presente processo até a data de hoje. As suas prisões já deveriam ter ocorrido há muito tempo, mas tal omissão não pode impedir que sejam decretadas, pois a ousadia demonstrada por tal inoperância do ente estatal só a fez crescer. Outra forma de repercussão social alcançada pelos delitos praticados neste e em outros processos (alguns delitos da Organização já se encontram praticamente prescritos) se apura pelos antecedentes e pela maneira de execução dos crimes, inclusive contra criança e pessoas desprovidas de escolaridade ou posição social. Assim, é cabível a decretação da prisão daqueles com antecedentes ruins (condenação anterior), associando a isso a crueldade particular com que executou o crime. O fato de serem primários, em tese, não ostentando condenações transitadas em julgado, não os leva a pleitear um **"alvará permanente de impunidade, visto que a prisão preventiva tem outros fundamentos"**, na lição sempre lembrada de GUILHERME DE SOUZA NUCCI (*Código de Processo Penal Comentado*, Ed. RT: São Paulo, 2005, p. 565). De outro lado, admitindo que a gravidade do delito possa ser aferida para a decretação da prisão preventiva, especialmente no momento da sentença, cabe a lição de ANTÔNIO MAGALHÃES GOMES FILHO, que afirma que a gravidade pode ser constatada pela natureza da pena abstratamente cominada e permite, inclusive, a motivação implícita do juiz[77]. Os graves crimes perpetrados e outros eventualmente a se apurar, me levam a crer que em liberdade os réus prejudicarão a tramitação processual deste e de outros processos ou inquéritos em andamento. Outro requisito a se analisar diz respeito à **ordem pública**. Não há dúvidas que esta já se encontra bastante abalada por este caso e dos outros citados, conforme inclusive as cotas ministeriais citadas nesta sentença. A garantia da ordem pública se consubstancia na necessidade de manter a ordem na sociedade, que sempre sofre abalo, quando se comete um delito como o dos autos, ainda que há 13 anos passados. A imensa repercussão alcançada até hoje comprova isso. Segundo NUCCI deve-se considerar o binômio GRAVIDADE DA INFRAÇÃO + REPERCUSSÃO SOCIAL (op. Cit. p.565). Apura-se o abalo à ordem pública pela divulgação que o delito alcança nos meios de comunicação. Convêm registrar que a JUSTIÇA não pode mais ser conivente, nos dias de hoje, com situações como esta, como se nada estivesse acontecido, sendo que o abalo

---

77 *A motivação das decisões penais*, p.221.

alcança, inclusive, repercussão internacional, por afetar direitos humanos inalienáveis. Ante todo o exposto, entendo mais do que cabível a decretação imediata da prisão preventiva de CELSO ROBERTO FRASSON SCAFI, CLÁUDIO ROGÉRIO CARNEIRO FERNANDES e SÉRGIO POLI GASPAR, já condenados pelo crime de retirar órgão ilegalmente para fins de transplante (exceto o terceiro réu), "sabedores que a vítima PVP, então com 10 anos de idade, ainda encontrava-se com vida (...) causando-lhe a morte". As prisões se justificam para a garantia da <u>ordem pública</u>, nitidamente abalada pelas ações dos condenados, pela <u>conveniência da instrução processual</u> dos outros feitos conexos e <u>para garantir a futura aplicação da lei penal</u> (visto que outros réus, inclusive fugiram do país em tempos recentes[78]). Que não se alegue o tempo decorrido dos crimes, pois tal se deu pela força da ORGANIZAÇÃO CRIMINOSA e não pode agora beneficiar aos criminosos. Veja:

> STF: "Tem-se como justificado o decreto de prisão preventiva fundamentado na necessidade de preservar a regularidade da instrução processual e de assegurar a aplicação da lei penal, diante da comprovada periculosidade dos agentes e a gravidade do fato" (HC 78.901, DJ 28.5.1999).

Na mesma senda, cabe ainda a transcrição dos julgados:

> TJSP: "Ainda que o indiciado não tenha sido ouvido pela autoridade judicial, por ter desaparecido do distrito da culpa, havendo nos autos elementos que demonstram a gravidade do fato imputado e presentes os requisitos do art. 312 do CPP é de ser decretada

---

78 Um dos condenados do mensalão (Pizollato) fugiu antes da aplicação da sentença, conforme consta, mas foi preso ontem na Itália.

sua prisão preventiva" (TJSP-HC93.321-3, Rel.Carlos Bueno, 29.5.2001-RT 661/278).

TJMS: "No conceito de ordem pública, insere-se a necessidade de preservar a credibilidade do Estado e da Justiça, em face da intranquilidade que os crimes de determinada natureza provocam na comunidade local" (RT, 594/408).

Por todo o exposto, **decreto, de ofício, as prisões preventivas dos condenados, nos termos do art. 312 do CPP. Expeçam-se, com urgência, os mandados de prisão, remetendo-os às autoridades para imediato cumprimento e recolhimento ao Presídio da Comarca**[79]. Registrem-se os mandados no banco de dados mantido pelo CNJ, os termos do art. 289-A do CPP. Conste dos mandados a tipificação criminal e o prazo prescricional de 20 anos.

VIII- DAS DISPOSIÇÕES COMUNS A TODOS OS CONDENADOS

Deixo de aplicar qualquer substituição de pena, dada a gravidade dos crimes, por suas circunstâncias, suas consequências, pelas penas em concreto cominadas e por ser tal medida não recomendável para a repressão e prevenção dos delitos.

---

79 Os fundamentos aqui expendidos para os decretos de prisão preventiva são semelhantes aos aplicados no caso da recente prisão do jornalista MARCOS CARONE. A prisão do jornalista gerou severas críticas por parte da mídia não tradicional, pois se suspeita que foi aplicada para calar a voz de um opositor feroz do atual governo do estado de Minas Gerais e dos governos anteriores do mesmo partido.

Condeno os réus ao pagamento das custas processuais, em partes iguais, um terço para cada um.

Decreto a perda dos cargos públicos dos três sentenciados, nos termos do art. 92, I, alíneas "a" e "b", do CP. Oficiem-se aos órgãos de saúde municipal, estadual e federal.

Não permito que os réus permaneçam soltos, inclusive durante a tramitação de eventuais recursos, pelas razões já expostas em seção antecedente, por entender presentes as condições que levaram a decretação da prisão preventiva, o crime é doloso e punível com pena de reclusão, há prova da existência do crime e provas da autoria criminosa.

IX- DAS DEMAIS DISPOSIÇÕES DA SENTENÇA

Transitada em julgado a presente decisão ou v. acórdão da Superior Instância, determino, ainda:

1. procedam-se as anotações e comunicações apropriadas;
2. comunique-se o Instituto de Identificação do Estado;
3. comunique-se o TRE.
4. expeçam-se os mandados de prisão.
5. **expeça-se guia de execução.**

Ainda antes do trânsito em julgado determino as imediatas providências de caráter urgente:

1-Oficie-se à Presidência do TJMG, com cópia da sentença, para que providencie junto à ASSEMBLEIA do Estado de Minas Gerais autorização para investigação das supostas atividades ilícitas do Deputado CARLOS MOSCONI.

2-Oficie-se a Presidência da Assembleia, a MESA DIRETORA e a COMISSÃO DE DIREITOS HUMANOS daquela casa legislativa, com cópias da sentença, para que tomem as devidas providências quanto ao citado parlamentar. Caso seja eleito deputado federal, oficie-se o Presidente da Câmara dos Deputados em Brasília.

3-Ofice-se a Receita Federal e Estadual para que providencie apuração sobre recolhimentos tributários no âmbito da IRMANDADE DA SANTA CASA DE POÇOS DE CALDAS, especialmente no Hospital, bem como suspeitas de lavagem de dinheiro até mesmo para apurar situação de imunidade da entidade considerada "de fins filantrópicos e sem finalidade lucrativa".

4-Oficie-se o Ministério da Saúde, DENASUS, ANVISA, VISA, Secretaria estadual e municipal de saúde para que providenciem novas auditorias no HOSPITAL DA SANTA CASA DE POÇOS DE CALDAS, nos moldes das realizadas no início dos anos 2000 para verificação das condições gerais, havendo notícias de mortes por infecção hospitalar, inclusive de parturientes e crianças, além da notícia de prática de retirada de órgãos, sem a realização da obrigatória necropsia, ainda em curso no estabelecimento hospitalar.

5-Oficie-se ao MPE, MPF, Ministério do Trabalho e Polícia Federal, para a realização de auditorias contábeis nos livros do HOSPITAL DA SANTA CASA, devido a suspeitas de fraudes com verbas públicas federais, estaduais, municipais e crime de lavagem de dinheiro, com abertura ou reabertura de inquéritos já arquivados.

6- Oficie-se o CFM e CRM, com cópias da sentença, para providências que entender sobre os médicos condenados e outros citados, para abertura ou reabertura de procedimentos disciplinares. Frise-se que a não condenação pela ocorrência de prescrição, como se deu no CASO 1 com dois dos médicos acusados, não elide das providências de cunho administrativo, pois não comprovam inocência.

7-Oficie-se o Secretário de Defesa Social e o Chefe de Polícia para que tomem providências quanto ao andamento do IP que apura a morte do ex-administrador da SANTA CASA, atualmente a cargo da Corregedoria de Polícia, bem como o IP que investiga a ORGANIZAÇÃO CRIMINOSA em atuação em Poços de Caldas, no âmbito da SANTA CASA, para que não ocorram ingerências políticas indevidas.

8-Oficie-se o Prefeito Municipal e Presidente da Câmara de Vereadores de Poços de Caldas para que analisem a situação de aplicação de verbas municipais, incluindo autarquias, ao Hospital da SANTA CASA, tendo em vista as inúmeras suspeitas de irregularidades em seu âmbito, pagamento de salários acima da média da região, nepotismo e falta de seleção dos profissionais, o que ocasiona prejuízos aos munícipes.

8-Extraiam-se as cópias pertinentes e remetam-se ao MP (CAOCRIM) para as providências devidas quanto a pessoa de JEFERSON ANDRÉ SAHEKI SKULKI pela prática, reiteradas vezes, dos delitos, em tese, de falso testemunho, formação de quadrilha e fraude processual, ou outro que entender.

Publique-se. Registre-se. Intime-se e cumpra-se.

Poços de Caldas/MG, 5ª-feira, 6 de fevereiro de 2014.

NARCISO ALVARENGA MONTEIRO DE CASTRO
Juiz de Direito Titular da 1ª Vara Criminal e VEC

A ANULAÇÃO DA SENTENÇA

<CABBCDACABDAACBCCBBABACCBBDACAABBCCAADDADAAAD>

EMENTA: APELAÇÃO CRIMINAL – SENTENÇA QUE CONDENOU OS RÉUS PELO DELITO DO § 4º DO ART. 14 DA LEI 9.434/97 (QUE DISPÕE SOBRE A REMOÇÃO DE ÓRGÃOS, TECIDOS E PARTES DO CORPO HUMANO PARA FINS DE TRANSPLANTE E TRATAMENTO), COMBINADO COM O ART. 29 DO CÓDIGO PENAL (CONCURSO DE PESSOAS) – PRELIMINAR DE OFÍCIO – NULIDADE – INCOMPETÊNCIA ABSOLUTA – MATÉRIA AFETA AO TRIBUNAL DO JÚRI – ANIMUS NECANDI NARRADO PELO PARQUET E RECONHECIDO PELO MAGISTRADO – EMENDATIO LIBELLI – POSSIBILIDADE E NECESSIDADE, NESTA INSTÂNCIA REVISORA, DE ORDENAR A APLICAÇÃO DO INSTITUTO – REFORMATIO IN PEJUS INDIRETA – VEDAÇÃO – RECOMENDAÇÃO – SENTENÇA ANULADA – RECURSOS PREJUDICADOS. É do Tribunal do Júri a competência para o julgamento dos crimes dolosos contra a vida, e a equivocada capitulação legal dos fatos pelo Ministério Público não desloca a competência para o juiz singular, a quem cabe, em casos tais, proceder à *emendatio libelli*, ainda que em consequência da aplicação do instituto seja imputado crime mais grave, já que os denunciados não se defendem da capitulação legal, mas, sim, dos fatos narrados na denúncia e apurados durante a instrução. A *emendatio libelli* pode ser determinada em segunda instância, mesmo quando não arguida por nenhuma das partes, e ainda que em recurso exclusivo da defesa. Neste caso, por força do princípio da proibição da *reformatio in pejus*, o Tribunal, na hipótese de recurso contra eventual sentença condenatória, não poderá agravar a situação dos réus (art. 617 do CPP). Sentença anulada, com determinações. V.V. O caso em questão se amolda, em tese, ao tipo penal previsto no art. 14, § 4º, da Lei nº 9.434/97, na primeira hipótese: remover tecidos, órgãos ou partes do corpo de pessoa, sem diagnóstico de morte encefálica a ser constatada e registrada nos moldes da Resolução nº 1.480/97 do Conselho Federal de Medicina. Incabível a *emendatio libelli*, sendo de se rejeitar a preliminar.

APELAÇÃO CRIMINAL Nº 1.0518.13.001937-6/001 - COMARCA DE POÇOS DE CALDAS - 1º APELANTE: SÉRGIO POLI GASPAR - 2º APELANTE: CELSO ROBERTO FRASSON SCAFI, CLÁUDIO ROGÉRIO CARNEIRO FERNANDES - APELADO(A)(S): MINISTÉRIO PÚBLICO DO ESTADO DE MINAS GERAIS - VÍTIMA: P.V.P.

A C Ó R D Ã O

Vistos etc., acorda, em Turma, a 1ª CÂMARA CRIMINAL do Tribunal de Justiça do Estado de Minas Gerais, na conformidade da ata dos julgamentos, em, de ofício, ANULAR A SENTENÇA, COM DETERMINAÇÕES, VENCIDO O VOGAL.

DES. FLÁVIO BATISTA LEITE
RELATOR.

158

Des. Flávio Batista Leite (RELATOR)

V O T O

Trata-se de apelação interposta por SÉRGIO POLI GASPAR, CELSO ROBERTO FRASSON SCAFI e CLÁUDIO ROGÉRIO CORDEIRO FERNANDES contra a sentença de fls. 4.516/4.593 que acolheu a denúncia e os condenou nas iras do § 4º do art. 14 da Lei 9.434/97 (que dispõe sobre a remoção de órgãos, tecidos e partes do corpo humano para fins de transplante e tratamento), combinado com o art. 29 do Código Penal (concurso de pessoas).

Em aditamento à denúncia formulada pelo Ministério Público contra José Luiz Gomes da Silva, Álvaro Ianhez e Marco Alexandre Pacheco em razão do suposto homicídio do menor P.V.P., com o fim de remover seus órgãos e submetê-los ao mercado torpe de órgãos, foi imputada aos apelantes a prática do delito do § 4º do art. 14 da Lei 9.434/97 (se o crime é praticado em pessoa viva e resulta morte).

Segundo o aditamento à denúncia, os acusados, no dia e local dos fatos, *"sabedores que a vítima Paulo Veronesi Pavesi, então com 10 anos de idade, ainda encontrava-se com vida, removeram seus órgãos para posterior transplante, causando-lhe a morte"* (sic).

O processo, com intimações regulares, tramitou sem nulidade e culminou com a condenação dos acusados nos moldes requeridos pelo Parquet.

Pelo delito de remoção de órgãos em pessoa viva, com o resultado morte, Sérgio Poli Gaspar foi condenado às penas de 14 anos de reclusão, no regime inicial fechado, e de 250 (duzentos e cinquenta) dias-multa, fixado o valor do dia-multa em 2,5 (dois e meio) salários mínimos.

Pelo mesmo delito, Celso Roberto Frasson Scafi foi condenado às penas de 18 (dezoito) anos de reclusão, no regime inicial fechado, e de 320 (trezentos e vinte) dias-multa, fixado o valor do dia-multa em 3 (três) salários mínimos.

Cláudio Rogério Carneiro Fernandes, também pelo mesmo delito, foi condenado às penas de 17 (dezessete) anos de reclusão, no regime inicial fechado, e de 320 (trezentos e vinte) dias-multa, fixado o valor do dia-multa em 3 (três) salários mínimos.

Aos três foi imposta, na sentença, prisão preventiva, que, contudo, restou cassada por esta colenda Câmara em habeas corpus e fixadas medidas cautelares diversas da prisão.

Na sentença ainda foram determinadas diversas providências em relação aos réus e a terceiros, conforme se vê às fls. 4.592/4.593, até mesmo a publicação dela em jornal local, determinação que foi cumprida, consoante os documentos de fls. 4.924/9.927.

Após a sentença, vieram aos autos os documentos de fls. 4.594/4.834 (relatório de investigação policial), cartas precatórias de fls. 4.852/4.864, 5.307/5.329, 5.330/5.332, 5.340, 5.422, 5.443/5.515, 5.529/5.556, carta rogatória de fls. 5.562/5.595, documentos diversos de fls. 4.866/4.876, 4.879/4915, 5.788 (notas taquigráficas da Comissão Parlamentar de Inquérito – CPI da Corrupção – que apurou, entre outras denúncias, a de tráfico de órgão na comarca de Poços de Caldas), fls. 6.427/6.428, 6.431/6.442, 6.447/6.526 (manifestação e juntada de documentos pelo patrono de Celso Roberto e de Cláudio Rogério), fls. 6.606/6.610 e 6.619/6.620 (manifestação do representante do MP e da PGJ, respectivamente, acerca da manifestação e dos documentos mencionados), fls. 6.650/6.689 (sindicância do CRM/MG) e fls. 6.699/6.769 (sentença dos autos 0518.13.008.236-6).

Termo de apelação de Sérgio Poli Gaspar à fl. 4.864 e de Celso Roberto Frasson Scafi e de Cláudio Rogério Carneiro Fernandes à fl. 4.877. As razões do primeiro apelo estão acostadas às fls. 4.953/5.080, e as do segundo e do terceiro, às fls. 5.598/5.656.

Contrarrazões às fls. 5.183/5.227 e 5.709/5.720.

A Procuradoria Geral de Justiça ofereceu parecer opinando pelo improvimento dos recursos (fls. 5.720/5.786).

Às fls. 6.635/6.647, Cláudio Rogério e Celso Roberto requereram a suspensão do processo, alegando existir contradição na acusação do Ministério Público entre a denúncia original (formulada em face dos corréus Álvaro Ianhez, José Luiz Gomes da Silva, José Luiz Bonfitto e Marco Alexandre Pacheco da Fonseca) e o seu aditamento, que imputou aos apelantes o delito aqui apurado. Segundo os apelantes, o julgamento do homicídio (corréus) poderia de alguma forma influir na acusação e no julgamento deste processo. Esse pedido está pendente de decisão e será analisado durante o julgamento deste recurso, sem prejuízo aos réus, conforme se verá.

É, no que basta, o relatório.

Passo ao voto.

Trata-se de apelações interpostas contra a sentença que condenou CELSO ROBERTO FRASSON SCAFI, CLÁUDIO ROGÉRIO CARNEIRO FERNANDES e SÉRGIO POLI GASPAR nas iras do delito previsto **no § 4º do art. 14 da Lei 9.434/97**, praticado contra P.V.P. (menor de idade).

A acusação teve origem em aditamento à denúncia da prática de homicídio qualificado contra a mesma vítima e, em razão de possuir ritos diferenciados, o processo acabou desmembrado.

Consta na denúncia que no dia **21.4.2000**, por volta das 17h30min, os apelantes, "sabedores que a vítima Paulo Veronesi Pavesi, então com 10 (dez) anos de idade, ainda encontrava-se com vida, removeram seus órgãos para posterior transplante, causando-lhe a morte" (sic).

Pois bem, desde a denúncia, com o enredar dos fatos nos termos da narrativa exordial, os réus tiveram a conduta capitulada no § 4º do art. 14 da Lei 9.434/97. Processados, foram condenados por esse delito.

Suscito, DE OFÍCIO, preliminar de nulidade da sentença.

O tipo penal em que os apelantes foram denunciados e condenados está assim redigido na Lei 9.434/97:

> Art. 14. Remover tecidos, órgãos ou partes do corpo de pessoa ou cadáver, em desacordo com as disposições desta Lei:
> § 4.º Se o crime é praticado em pessoa viva e resulta morte:
> Pena - reclusão, de oito a vinte anos, e multa de 200 a 360 dias-multa.

Agora, vejamos o dispositivo constitucional que vai implicar, necessariamente, na conclusão de que o crime em testilha jamais pode ter o resultado morte como fim imediato da conduta, isto é, ainda que se vise, mediatamente, à captação de órgãos ou tecidos não se pode admitir a existência de dolo no resultado "morte":

> Art. 5º - Todos são iguais perante a lei, sem distinção de qualquer natureza, garantindo-se aos brasileiros e aos estrangeiros residentes no País a inviolabilidade do direito à vida, à liberdade, à igualdade, à segurança e à propriedade, nos seguintes termos:
> (...)
>
> XXXVIII - é reconhecida a instituição do júri, com a organização que lhe der a lei, assegurados:
> (...)
> d) a competência para o julgamento dos crimes dolosos contra a vida;

Explico melhor. Sempre que um cidadão age com dolo contra a vida, ou seja, com *animus necandi*, independentemente do móvel dessa ação

162

(vingança, ciúme, obtenção de qualquer tipo de vantagem, captação de órgão, etc.), a competência para o julgamento desse delito (doloso contra a vida) será sempre do Tribunal Popular.

Não descuido de que há respeitadas jurisprudência e doutrina sustentando que, no delito de roubo, o dolo na morte, mesmo que posterior ao crime de roubo, implica no reconhecimento da conduta tipificada no § 3º, segunda parte, do art. 157 do Código Penal, cuja competência para julgamento é, segundo o entendimento firmado na jurisprudência, do juízo singular. Contudo, em que pese eu ter-me curvado a essa pacífica jurisprudência, intimamente ouso discordar, porquanto a mim me parece, conforme tenho sustentado desde que ingressei nesta egrégia 1ª Câmara Criminal, que tal delito (latrocínio) é eminentemente preterdoloso, ou seja, o resultado que o qualifica deveria ser sempre culposo e, por isso, tal delito inadmitiria tentativa.

E é este o caso dos autos. O delito do § 4° do art. 14 da Lei 9.434/97, assim como o crime do § 3º do art. 157 do CP, é preterdoloso.

Sustentar o contrário, que o crime em testilha abriga o resultado morte mesmo quando ela é dolosa, implicaria, necessariamente, em deslocar a competência para o julgamento desse crime para o Tribunal Popular, por gerência constitucional, garantia da sociedade e dos réus, erigida ao status de cláusula pétrea: a competência do Júri para o julgamento dos crimes dolosos contra a vida.

O insigne magistrado paulista Guilherme de Souza Nucci, nessa linha, discorrendo sobre o crime de genocídio, afirma, com a perspicácia que lhe é comum, que "a eleição do foro competente para o julgamento do genocídio deve dar-se conforme a figura típica e, consequentemente, de acordo com o bem jurídico afetado pelo agente" (Leis Penais e Processuais Penais Comentadas – RT/SP, 4ª Ed., pg. 623).

Nada mais sensato: o bem jurídico vida tem a tutela e a competência para o julgamento definidas pela CF. Por isso, conclui Nucci, "quando se tratar *de crime doloso contra a vida (alíneas a e d – no caso de aborto – do art. 1º desta Lei), o juízo constitucionalmente competente é o Tribunal do Júri, nos termos do art. XXXVIII, d, da Constituição Federal"* (idem).

Mas, voltando a este caso, não defendo que a melhor alternativa seja capitular a conduta narrada no § 4º do art. 14 da Lei de Transplantes remetendo seu julgamento para o Júri. Não. O que defendo mesmo é que, em casos como o dos autos, ou em casos do § 3º, segunda parte, do art. 157 do CP, existindo dolo para o evento morte, o crime deve ser capitulado no art. 121 do CP, restando os motivos determinantes como circunstâncias do delito (caso do § 4º do art. 14 da Lei de Transplantes) ou mesmo como crimes autônomos (caso do § 3º, segunda parte, do art. 157 do CP).

Não desconheço que, no caso do crime do art. 157 do CP, essa solução, que é a de reconhecer o delito de homicídio em concurso com o de roubo, poderia, em tese, implicar algumas incongruências (como a pena mínima em abstrato do delito único ser maior do que a soma das penas mínimas dos delitos em concurso). Mas isso não vem ao caso. Vou focar no delito em questão, que, absolutamente, não permite tais incongruências em relação à tese que privilegia o mais caro dos bem jurídicos tutelados pelo Direito Penal: a vida. Volto ao tipo:

> Art. 14. Remover tecidos, órgãos ou partes do corpo de pessoa ou cadáver, em desacordo com as disposições desta Lei:
> § 4.º Se o crime é praticado em pessoa viva e resulta morte:
> Pena - reclusão, de oito a vinte anos, e multa, de 200 a 360 dias-multa.

O § 4º do art. 14 da Lei 9.434/97 tipifica um crime preterdoloso, que é uma *"espécie de crime agravado pelo resultado, no qual o agente pratica uma conduta anterior dolosa, e desta decorre um resultado posterior culposo. Há dolo no fato antecedente e culpa no consequente". (GOMES, Luiz Flávio,*

GARCÍA PABLOS DE MOLINA, Antonio. Direito Penal: parte geral. 2. Ed.: RT/SP, 2009 - p. 422.)

O tipo, a meu juízo, tutela, por exemplo, a seguinte situação: um médico, com expressa concordância, submete uma pessoa a uma cirurgia para retirada e posterior transplante remunerado de um de seus rins. Durante a cirurgia, por uma complicação decorrente de negligência do médico, este paciente vem a óbito. Pronto! Neste caso ocorre a perfeita adequação da conduta ao tipo do § 4º do art. 14 da Lei 9.434/97.

De outro lado, se a submissão desse mesmo paciente visa à retirada de seu coração, ou de seus dois rins (é este, em tese, o caso dos autos), está-se, evidentemente, diante de um homicídio, porquanto a retirada de órgão vital sempre implicará, necessariamente, no óbito do paciente.

É dizer, ainda que de forma indireta, pretende-se ou, no mínimo, assume-se o risco do resultado morte. Mas, a bem da verdade, aqui não se pode falar em assunção de risco, porquanto a morte será sempre certa quando de alguém se suprimir o coração, o fígado, os dois rins ou outro órgão vital.

E, no caso dos autos, desde a denúncia, os apelantes responderam e foram condenados porque, "sabedores que a vítima Paulo Veronesi Pavesi, então com 10 (dez) anos de idade, ainda encontrava-se com vida, removeram seus órgãos para posterior transplante, causando-lhe a morte" (sic).

Ora, se for verdade que os apelantes SABIAM QUE A CRIANÇA ESTAVA VIVA e se, ainda assim, SUBMETERAM-NA À RETIRADA DE ÓRGÃOS VITAIS, LEVANDO-A A ÓBITO, eles agiram com dolo direto para este resultado morte, com evidente e inafastável *animus necandi*. Não estou a afirmar que eles mataram a criança. Não! Estou dizendo que, se as coisas de fato se deram conforme narrado na denúncia e reconhecido na sentença, que agora anulo, o caso é de crime doloso contra a vida. Mas tudo isso em tese – friso.

Assim, se existiu o *animus necandi*, tal como reconhecido na sentença, este processo deveria ter seguido o mesmo caminho daquele em que figuram como réus os coautores do homicídio (aqui já aplicando a *emendacio libelli*) em tese cometido.

Merecem destaques alguns trechos da sentença nos quais o sentenciante reconheceu múltiplas vezes que a ação dos réus foi consciente e, de forma proposital, levou a criança a óbito (*animus necandi*) quando dela retirou os órgãos (inclusive os dois rins) para posterior inserção no abjeto mercado negro de transplantes (advirto que grifei as partes em que percebi o reconhecimento, pelo douto magistrado, do *animus necandi* e da coautoria com o homicídio praticado pelos réus José Luiz Gomes da Silva, Álvaro Ianhez e Marco Alexandre Pacheco):

> Ficou evidenciado que a iniciativa para a doação dos órgãos da criança Pavesi partiu do próprio pai, Sr. Paulo Airton Pavesi, tão logo lhe foi comunicado pelo médico e réu no processo do júri, José Luiz Gomes da Silva, suposto neurologista que atendeu a vítima no Hospital Pedro Sanches, que ela estaria em "morte cerebral" (isso às 9h do dia 20/4/2000). **José Luiz não perdeu tempo e acionou o médico, e também réu no processo do júri, Álvaro IANHEZ, sendo que a conduta correta seria primeiro confirmar a morte encefálica da vítima, o que não conseguiu. Álvaro IANHEZ, a partir daí, passou a assistir a criança, abandonando qualquer tratamento, para tão somente se preocupar com a retirada dos órgãos da vítima PVP.** O pai da criança, em estado de choque, não só consentiu em doar os órgãos, acreditando que seu filho havia falecido (como forma de minimizar a sua perda, que é a maior dor que um ser humano pode suportar, influenciado ainda pela forte campanha de mídia), como ainda - ignorando todos os fatos que ainda viria a descobrir- mandou confeccionar placas de agradecimento aos médicos citados e também ao intensivista e réu José Luiz Bonfitto (os médicos que assinaram o protocolo de morte

encefálica da vítima foram José Luiz Gomes da Silva – que nem era neurologista, como comprovado nestes autos - descumprindo mais uma vez a legislação de transplantes- e José Bonfitto, vide fls. 222 e 222-v, vol.1). **A autorização para doação foi assinada apenas por um dos pais da vítima e <u>depois do transplante dos órgãos e assassinato da mesma</u>, conforme se vê à f. 170, há rasura na data**, pois a autorização foi assinada DEPOIS da retirada dos órgãos.

(...)

Com os desdobramentos do caso, com as notícias que eram veiculadas pela televisão, em rede nacional, tomando conhecimento do contido no IPL n.039/2001 pela Polícia Federal, incluindo prontuários médicos da vítima, <u>**o pai desta ficou ciente que seu filho fora na verdade vítima de HOMICÍDIO, no interior do HOSPITAL DA IRMANDADE DA SANTA CASA de Poços de Caldas, fato também constatado e denunciado na CPI DO TRÁFICO DE ÓRGÃOS**</u>. Conforme se vê do inquérito e do presente processo, das diversas investigações e auditorias levadas a cabo, na verdade houve ilegalidade no exame clínico que teria detectado a morte encefálica ainda no Hospital Pedro Sanches: não foram feitos os dois exames clínicos (...); o protocolo deveria ter sido interrompido, tendo em vista que a criança recebeu altas doses de medicação depressora do SNC (Sistema Nervoso Central), DORMONID – MIDAZOLAM -, um benzodiazepínico; a arteriografia feita em tal hospital (Pedro Sanches) - sendo ministrados diversos medicamentos hipnóticos, como THIONEMBUTAL e EFEDRINA, para que não se mexesse como relatou o médico e réu Marco Alexandre - apresentou presença de contraste no cérebro, indicando que a vítima ESTAVA VIVA, pela não ocorrência de morte encefálica (SEM ME). Depois disso, o réu, nefrologista e intensivista Álvaro IANHEZ (...) determinou a remoção da vítima para a SANTA CASA (que sequer teve ALTA do Hospital Pedro Sanches) para a RETIRADA DE SEUS ÓRGÃOS (sendo que tudo já estava preparado para tal, o anestesista SÉRGIO POLI avisado e os dois transplantistas, médicos urologistas, CELSO SCAFI e CLÁUDIO ROGÉRIO, além dos demais, membros da equipe de transplantes e outros que nem eram membros, para os implantes

167

nos receptores, que também já aguardavam em outras salas de cirurgia da SANTA CASA, para cirurgias na sequência). Foi simulada a realização de outro exame (2º suposto exame) de ARTERIOGRAFIA ou ANGIOGRAFIA por JEFERSON SKULKI e como para a "Máfia" tudo é exagerado, disseram ainda que foi puncionada agora a veia femural, para o "padrão ouro"[80], que seria a arteriografia de quatro vasos. O documento denominado "critério recomendado para o diagnóstico de morte cerebral" - que não é o documento preconizado pelo CFM - protocolo, diz à f. 222-v, vol.1, que a arteriografia realizada no hospital Pedro Sanches teria sido realizada no dia 20/4/00 às 20h, <u>sendo que os auditores não encontraram no prontuário médico nem as chapas nem o laudo de tal exame</u> e segundo apontaram, a enfermagem anotou a hora do exame como 18he35min. e a ficha da anestesia consta como 18he30min, sendo um pouco mais confiáveis tais anotações. Aproveitaram mais tarde as chapas da arteriografia do Pedro Sanches para tentarem dizer que seriam as chapas "encontradas" do suposto exame (arteriografia de quatro vasos, supostamente feito na SANTA CASA), MAS QUE NUNCA FOI REALIZADO. Esse médico JEFERSON SKULKI[81], que afirma que fez tal exame, deveria ter sido também indiciado pela polícia e denunciado pelo MP (além de outros médicos, como a Dra. Mirtes Bertozzi, Regina Cioffi e outros), tanto que mentiu e vem mentindo ao longo dos anos, inclusive caiu em várias contradições quando ouvido pela CPI, motivo pelo qual vou determinar providências quanto ao mesmo ao final. As chapas radiográficas de tal exame (da SANTA CASA) nunca apareceram, bem como o laudo respectivo não estava nos prontuários médicos, conforme a Auditoria do MS. Quando as supostas chapas (em número de sete) apareceram um certo tempo depois, remetidas pela

---

80 A tese basilar das Defesas da realização da arteriografia de quatro vasos na SANTA CASA – que nunca existiu e nunca foi provada, pois cheia de contradições -foi primeiramente apresentada por REGINA CIOFFI (fls. 33/39 do apenso 1, vol.I). Depois ela mesma se esqueceu e quando ouvida em juízo no processo do CASO 1, arrolada como testemunha de defesa, disse não conhecer nada de tal especialidade. "Ouro", somente se for referente a muito dinheiro envolvido.

81 Para saber as razões de tanto "empenho" desse médico, basta ver as auditorias a seguir citadas, da DELOITTE e do CAEX/MP, que comprovam que recebia recursos da SANTA CASA, sem nota fiscal , sem contrato e sem desconto do IR.

SANTA CASA para a 2a Vara Cível, ficou evidente que se tratava da arteriografia feita no Pedro Sanches, conforme laudo pericial que será apresentado à frente, quando da análise das provas, pois as fotografias mostram o contraste. O laudo foi feito por SKULKI quase um ano depois e este nem se envergonhou com tal fato, mas tal será analisado em detalhes à frente e posteriormente quando se analisar as teses defensivas amiúde. O laudo constante à f. 223, assinado apenas por SKULKI, não constava no prontuário, conforme consta na auditoria 33/00 do DENASUS e diz que o exame foi feito às 13he35min. do dia 21/4/2000, sendo que no documento à f. 222-v, já citado, se tem a anotação 21/4/00 16h. Jeferson SKULKI disse ao delegado que o exame encerrou-se em torno das 17h (teria sido realizado das 13h às 17h e o técnico de r-x Valdemar Ramos Ferreira disse que o exame se iniciou às 13h e durou de uma hora e meia a duas horas, nunca foi ouvido em juízo e certamente que mentiu também) e que passou o resultado verbalmente, ou seja, não havia laudo algum (que também não foi encontrado no prontuário pelos auditores). Quando SKULKI confeccionou seu "laudo", unilateralmente e com a data pós datada, certamente que não estava com as chapas, pois o exame, como dito, nunca foi feito. Na CPI, segundo as notas taquigráficas, SKULKI (muito conceituado, segundo a Defesa) disse que a arteriografia se iniciou às 14h e acabou em torno das 16h e disse que teria feito o exame para justificar o exame clínico e que não seria tal exame a determinar se o paciente estava ou não em morte encefálica. Disse, ainda, conforme consta no Relatório da CPI, f. 95, em anexo (apenso 23), que não fez qualquer laudo do exame e que este lhe foi solicitado (por alguém que não soube dizer quem era) 8 meses depois (f.96), justificando que era uma SEXTA-FEIRA SANTA (f.98). Segundo o relator da CPI, Pastor Pedro Ribeiro, as 13h SKULKI nem estaria na SANTA CASA (f.100 do Relatório da CPI, apenso 23)). A ficha de atendimento da vítima indica que a mesma foi admitida na SANTA CASA às 18he13min. do dia 21/4/2000, a ficha de anestesia diz que esta se iniciou às 17he30min. e a cirurgia encerrou-se às 17he40min. A declaração de óbito (f.193) assinada por médico que à época não pertencia aos quadros da SANTA CASA (médico José Luiz Gomes da Silva, posteriormente aos fatos passou a trabalhar também na SANTA CASA), diz que o óbito ocorreu às 19h do dia 21/4/2000. O exagero dos mafiosos é tamanho que têm a coragem de dizer que os plantões dos anestesistas eram feitos com TRÊS ANOS DE ANTECEDÊNCIA! Tudo na SANTA CASA era uma balbúrdia, exceto os plantões dos anestesistas. Mas que organização...Mas nada disso agora tem importância, tudo não passou de engano, mero erro formal, segundo a Defesa e a testemunha JOSÉ ADAILTON! **Portanto, conclui-se que a vítima PVP foi morta, assassinada, DENTRO da SANTA CASA e não no Hospital Pedro Sanches, como querem os réus deste processo. A criança estava viva, assim o atestou o próprio réu CELSO SCAFI ("paciente em DDH SEM M.E", como se vê à f.189; _rectius_: paciente em decúbito dorsal horizontal sem morte encefálica, depois deu várias versões, seria "em", "com" ME, acrescentou escritos abaixo, etc.). O anestesista aplicou anestesia geral ETRANE, inalatória (f.188, pois sabia que a vítima estava viva, tanto que a classificou como ASA V)[82] depois vieram as desculpas, que na época era a classificação existente, que era a classificação conhecida no Brasil, que aplicou apenas o PAVULON, etc. O réu SÉRGIO deveria mostrar outros prontuários para provar que tinha o hábito de escrever anestesia "geral EV (PAVULON)" como se vê à f. 187. O que viu em audiência foi mais uma tentativa de forjar provas, agora testemunhais, quando já se adulteraram documentos, acrescentaram-se outros, conforme se vê nesses autos, sendo esta uma marca registrada desta "Máfia dos Transplantes".**

(...)

A 6ª preliminar à f. 4410, de ausência de justa causa para a ação penal também não sobrevive a uma análise por mais perfunctória que seja. O fato da decisão de pronúncia dizer que há prova da materialidade do delito nos autos originais não conduz à conclusão almejada, se tratando, com todo o respeito, de um sofisma. **É**

---

82 Paciente vivo com perspectiva de óbito em 24h.

POSSÍVEL QUE UM HOMICÍDIO QUALQUER SE INICIE EM UM LUGAR, COM DETERMINADOS AGENTES E TERMINE EM OUTRO, SE EXAURINDO COM A CONDUTA DE TERCEIROS. NO CASO EM ANÁLISE, TODOS OS RÉUS, ORIGINÁRIOS E OS ATUAIS, AGIRAM EM EVIDENTE CONLUIO, COM A ADESÃO DA VONTADE DE UNS COM AS DE OUTROS. Portanto, não há se falar em falta de lógica. Como visto na seção antecedente, havia (há) a ação de uma organização criminosa na SANTA CASA, diversos réus trabalhavam (trabalham) em ambos os hospitais, vários casos suspeitos envolvendo transplantes foram investigados (há inclusive condenação, envolvendo dois dos réus desse processo). **É FATO QUE A VÍTIMA, A CRIANÇA P.V.P, CHEGOU VIVA À SANTA CASA, NÃO FOI FEITA NENHUMA ARTERIOGRAFIA ALI, NEM DE "MIL VASOS", TAL FATO NÃO ESTÁ PROVADO NESSES AUTOS (BEM AO CONTRÁRIO) E A VÍTIMA VEIO A ÓBITO DEPOIS QUE ÓRGÃOS VITAIS LHE FORAM VILMENTE EXTIRPADOS. NÃO POSSO ENTRAR NO MÉRITO DA AÇÃO DE COMPETÊNCIA DO JÚRI, MAS ALI, OS SRS. JURADOS TERÃO QUE DECIDIR SE OS PRIMEIROS RÉUS PRATICARAM UMA TENTATIVA DE HOMICÍDIO OU PARTICIPARAM (DE QUALQUER MODO) NO HOMICÍDIO QUE ACABOU ACONTECENDO NÃO NO HOSPITAL PEDRO SANCHES, FRISE-SE, MAS NO HOSPITAL DA IRMANDADE DA SANTA CASA. NÃO SE TEM DUAS ACUSAÇÕES PARA UMA SÓ MORTE (HOMICÍDIO) E SIM A PARTICIPAÇÃO OU CO-AUTORIA (CONCURSO DE AGENTES).** Nestes autos se julga a conduta de três réus por crime previsto na legislação extravagante e naqueles autos, delito contra a vida, de competência exclusiva do Tribunal do Júri, uma não exclui a outra.

(...)

A **materialidade** do delito está consubstanciada no IP às fls. 24/1794, na denúncia às fls. 12/23, pela instrução processual, tanto na Justiça Federal, quanto na Estadual, pelos relatórios das auditorias, especialmente às fls. 31/56, pela declaração de óbito da vítima (f.323), prontuários médicos da vítima às fls. 86/118 e outros, pelo relatório da CPI (apenso 23), demais documentos e depoimentos juntados aos autos que comprovam que a vítima teve seus órgãos retirados pelos réus para fins de transplante, mas **SABIAM OS RÉUS QUE A MESMA ESTAVA VIVA, CAUSANDO-LHE, ASSIM, A MORTE.**

(...)

Funcionava mais ou menos assim (*modus operandi* da organização), conforme visto nos outros casos citados e mesmo neste: o paciente entrava na Santa Casa – hospital referência na sub-região - (era internado), ficava na enfermaria geral, por quanto tempo o organismo resistisse (praticamente à míngua), mesmo que seu estado fosse grave, geralmente sob os cuidados de um neurologista ou outro médico qualquer (pouco importava, desde que mantidos os órgãos funcionando, pacientes traumatizados, geralmente com TCE ou AVC); quando ficava "bom para UTI" (ou seja, quase morto ou já em morte encefálica), era internado no CTI - para melhor monitorar o funcionamento dos órgãos de interesse do grupo – especialmente rins e córneas – mas também coração e fígado (que eram "doados" para colegas do Estado vizinho de SP ou remetidos para Belo Horizonte); no CTI, os intensivistas, urologistas e neurologistas "declaravam a morte encefálica" do paciente, que de paciente vivo, tornava-se "doador cadáver", momento que se transformava em objeto (se é que já não era antes, desde que entrava no "esquema criminoso") e tinha seu corpo repartido, de acordo com os interesses dos médicos, ou melhor, dos criminosos que se diziam "médicos". A quadrilha fazia tudo para dar "aspectos de legalidade" aos seus atos criminosos, mas os rastros começaram a aparecer, pois depois de um tempo ficaram mais descuidados, como *soy acontecer*. Esqueciam de preencher corretamente o protocolo de morte encefálica ("critério recomendado..."), usavam modelos defasados, não aguardavam os intervalos determinados, esqueciam de fazer constar nos prontuários a retirada de medicamentos depressores, etc. Tinham o cuidado de manter os prontuários "descuidados", pois assim dificultariam futuras investigações. Não assinavam ou colocavam o carimbo ou o CRM, faziam rasuras, deixavam de anotar condutas. Ainda assim, tudo faziam para convencer os pobres familiares a efetivar a doação dos órgãos, aproveitando da fragilidade que estavam acometidos pela perda recente de um ente querido. O plano parecia perfeito e os lucros eram cada vez maiores e com um *plus*: o reconhecimento social. (fls. 3695/3696 do vol.15 dos presentes autos).

(...)

ISSO NÃO ISENTA OS RÉUS DE SUAS RESPONSABILIDADES PELOS SEUS ATOS E OMISSÕES PRATICADOS QUE LEVARAM A CRIANÇA PAVESI À MORTE DA PIOR FORMA POSSÍVEL. É só se colocar no lugar do outro: imagine seu filho sendo repartido, vivo, ainda que fosse para ajudar outros (mas se sabe que a intenção visada sempre foi tão somente o lucro desmedido, a qualquer custo). **SEM OS ATOS ANTERIORES NÃO SE CHEGARIA AOS ATOS FINAIS QUE TIRARAM A VIDA DA VÍTIMA. A VÍTIMA, COMO NENHUMA OUTRA PESSOA, NÃO MORREU VÁRIAS VEZES, COMO QUEREM AS DEFESAS, POIS, COMO SE SABE, SÓ SE MORRE UMA VEZ**[83]. Mesmo que se queira dizer, que pode ocorrer "morte clínica", morte cerebral, morte encefálica, parada cardíaca e respiratória, tais ocorrências nada mais são (ou poderiam ser) etapas para a morte, seja em qual conceito for, médico, filosófico ou religioso e tais conceitos mudam. Até mesmo entre os médicos não há unanimidade sobre o tema "morte encefálica", muito ao contrário. Fugiria muito ao caso digressões mais aprofundadas sobre tais temas, razão pela qual serão anexados ao final alguns estudos da lavra de Cícero Galli, doutor e *expert* no assunto. Ficaremos nos fatos e no que consta dos autos e é aí que "o bicho pega". Por isso, nada há de "inusitado" no aditamento à denúncia, que nada mais fez que corrigir alguns erros e omissões, propositais ou não, diga-se. Pelos eventos já narrados nos "pressupostos" tudo indica que as omissões não foram tão inocentes ou derivadas de mera interpretação, como poderia parecer. Mas isso também foge ao objetivo agora em tela. Antes de analisar as provas subjetivas (testemunhais) até por serem mais frágeis, necessário o exame das afrontas à lei, ao seu decreto regulamentador, bem como às resoluções do CFM, por parte dos

---

[83] A morte da vítima, para a família, ocorre várias vezes, enquanto houver impunidade.

173

réus, deste e do outro processo, sem entrar no mérito do último, afeto ao Júri, como vem fazendo ostensivamente e indevidamente os nobres defensores.

(...)

Conforme venho demonstrando à saciedade -e ainda o farei por diversas vezes- NÃO HOUVE a realização de arteriografia de quatro vasos na SANTA CASA ou em qualquer outro local provando que a vítima tenha chegado morta no hospital, indicando a sua ME, o que pode ser comprovado pela falta das chapas, do laudo (provados pelas auditorias e ouvida dos auditores, diversas vezes), das discrepâncias nos horários (demonstrado inclusive na ouvida de JEFERSON SKULKI na CPI e em audiências, outras testemunhas, o laudo forjado continha horário diferente do que indicou SKULKI, nenhuma pessoa presente no centro cirúrgico viu os médicos manipulando exames). (...) **A base das Defesas (com pés de barro) se escora neste suposto exame (de quatro vasos), de modo a livrar os réus de suas responsabilidades de retirarem órgãos de uma pessoa viva, causando-lhe a morte, como sustenta a ilustre Acusação**. Esta é a tese do MPE, que não se coaduna com o entendimento equivocado do Procurador ADAILTON (MPF), já amplamente enfocado. Este magistrado entende que a tese correta é do Ministério Público Estadual (MPE), esposada pela primeira vez pelo digno Promotor de Justiça JOAQUIM JOSÉ, razão pela qual a condenação dos réus, como disse, é de rigor, sendo uma obrigação que não tenho como fugir, dadas as extensas provas carreadas aos autos.

À Polícia Federal, o médico disse que escreveu "com" e que aquilo parece um "sem" porque sua letra seria "muito feia". Consultado por CartaCapital, o perito Sebastião Edson Cinelli comparou a descrição com outras anotações feitas por Celso Scafi no mesmo documento e garantiu que ali está escrito "sem" e não "com" ME (veja a reprodução acima). Se Paulinho estivesse mesmo sem morte encefálica, estaríamos diante de um homicídio. (Destaquei).

(...)

Concluiu o *parquet*, com maestria, este tópico: Todavia, em que pese a opinião do MPF, **ficou demonstrado de forma robusta, após a instrução probatória no processo originado pelo oferecimento da denúncia retromencionada, que o menino Paulo Veronesi Pavesi ainda estava vivo quando encaminhado para a cirurgia de extração de seus órgãos**, e que a alegação defensiva do Celso Scafi de equívoco quanto ao registro "DDH -sem ME" não foi convincente.(f.4339, memoriais do MP, destaques originais).

(...)

Que, fez as seguintes anotações, conforme consta na f. 89: "paciente admitido para tratamento intensivo proveniente do ambulatório, foi puncionado veia periférica em membro superior direito, passado sonda vesical de demora, instalado O2 por máscara contínua, feito sutura na região frontal pela Dra. Leda, em seguida às 15:10 foi encaminhado à tomografia, retornou às 16h, PACIENTE ATENDENDO AOS COMANDOS VERBAIS, apresentando pupila esquerda midriática medicado conforme prescrição". (f. 1475 do vol.6).

No que interessa ao deslinde do feito, vê-se que a situação da vítima não era tão grave como as Defesas dos réus quiseram fazer crer. **O paciente estava falando, deambulando e atendia aos comandos verbais quando chegou ao hospital**. O fato de uma das pupilas estar "midriática" é normal em casos de queda onde se bate a cabeça e tal estado poderia ser revertido ou nem mesmo se instalar se tivesse tido bom atendimento desde o início. Vê-se de seu prontuário, que houve demora no atendimento e demora na tomografia. **Do outro depoimento da testemunha em fase judicial às fls. 2082/2084 se depreende um dos motivos na piora do estado da criança, qual seja, a interferência de ALVARO IANHEZ no atendimento de PVP, somente interessado nos órgãos da vítima para transplante, o que contou com o beneplácito e consentimento dos demais médicos que ainda ajudaram.**

(...)

Não foram somente os "erros" eventuais ou os problemas com o preenchimento dos prontuários ou falta de preenchimento. Não deve

175

ser esquecido que tudo ficaria encoberto se não fosse a exorbitante cobrança da "conta" do hospital Pedro Sanches. Os médicos ainda sairiam como "heróis" ("tentaram de tudo", "não possível salvar a criança"), a cirurgia ruinosa, a arteriografia idem, o atendimento de IANHEZ, a falsa arteriografia de quatro vasos, tudo ficaria escondido, tanto que receberam placas. **Ninguém nunca ficaria sabendo que não houve outra arteriografia, que SCAFI (com a ajuda de seu fiel escudeiro CLÁUDIO) confirmaria que a vítima estava sem morte encefálica e foi operada e morta sob anestesia geral aplicada por POLI GASPAR, que a classificou como paciente moribundo com perspectiva de morte em 24h (ASA V), que teve todos os órgãos removidos (não apenas rins e córneas), sem necropsia, que só havia autorização de um dos pais, que havia uma lista própria organizada por uma central clandestina e que havia venda de órgãos disfarçada de doação, que vários pacientes foram mortos do mesmo jeito.** Depois não haveria a operação "abafa", as negativas, as fraudes nos prontuários, as ameaças. Foi o "conjunto da obra", os demais casos suspeitos envolvendo transplantes (constantes da AUDITORIA n. 33/00, cujas Defesas nem mesmo citaram direito), dos contundentes depoimentos dos médicos auditores do MS, EDWARD LADISLAU e FLÁVIO AZENHA, dentre outras tantas testemunhas. Foi o exame clínico feito em vítima hipotérmica e massivamente sedada, anestesiada e medicada. Foi a falta do 2º exame clínico. Foi o exame feito por profissional não habilitado (a lei exige que seja ao menos um neurologista). Foi a falta de autorização de **ambos** os pais. Foi pelo fato do protocolo não ter sido interrompido, quando o protocolo do CFM diz que se há resposta sim à hipotermia e resposta sim ao uso de depressores do SNC, o protocolo TEM QUE SER INTERROMPIDO. Foi a simulação de realização de exame complementar de arteriografia, **tão somente para retirar os órgãos e tecidos para posterior transplante (com a vítima ainda viva), para fins monetários e aumento nas estatísticas para inflar o ego dos médicos transplantistas e conseguir mais verbas federais.** <u>A vítima não estava nem mesmo morta "do ponto de vista clínico" no hospital Pedro Sanches.</u>

Chegou viva ao hospital da SANTA CASA DE MISERICÓRDIA (que nunca teve dó de nenhum paciente ali). ALI FOI VILMENTE ASSASSINADA. A lei, ora, às favas com a lei. Resolução do CFM, ora, os médicos disseram que não precisam saber seu conteúdo (inclusive o réu SÉRGIO escandalizou os deputados com suas afirmações e deboches, é só examinar o apenso 23).

Houve sim a tipicidade, houve sim a REMOÇÃO ILEGAL E ASSASSINA DE QUASE TODOS OS ÓRGÃOS DA VÍTIMA (não apenas rins e as córneas - que são tecidos - como se verá quando se analisar a exumação do cadáver, realizada anos depois). O ANESTESISTA SABIA QUE A CRIANÇA ESTAVA VIVA OU TINHA A OBRIGAÇÃO DE SABER. Sem a sua participação não haveria cirurgia. Deveria, na melhor das hipóteses, ter se negado a participar e contribuir para a trama macabra, sendo que todos confiavam na impunidade, tanto que quase conseguiram, foram traídos por um mero detalhe (sempre os detalhes): a conta superfaturada, do guloso e ganancioso, Dr. Lucas Neto, do hospital Pedro Sanches, que deitou tudo a perder. A Máfia ganhava várias vezes com o mesmo procedimento, faturava em cima de tudo e de todos.

COM CERTEZA QUE A PARTICIPAÇÃO DE SÉRGIO NÃO SE DEU DE FORMA CULPOSA E SIM DOLOSA, COMO JÁ AFIRMADO, FICANDO A "NEGATIVA DE PARTICIPAÇÃO" (F. 4451) DESPROVIDA DE MAIORES ARGUMENTOS, POIS O RÉU ESTAVA LÁ, PARTICIPOU DA REMOÇÃO DOS ÓRGÃOS QUE CAUSOU A MORTE DA VÍTIMA, NÃO HÁ COMO NEGAR O ÓBVIO, CONTRA FATOS NÃO HÁ ARGUMENTOS.

(...)

Todos agiram para o mesmo fim, conseguir o maior lucro possível com a morte da vítima, a vontade de um, aderiu à vontade dos outros. A conduta de SÉRGIO teve sim relevância causal, pois se não tivesse agido, como agiu, não haveria a remoção dos órgãos, como já dito.

(...)

(...), já no caso de Paulo Pavesi foram retirados os órgãos logo após a neuroangiografia (...) (fls. 418/421, vol.2, depoimento confirmado em juízo, por precatória). Como afirmado pelo representante ministerial, **tal depoimento, a par de estarrecedor do que já vinha ocorrendo há anos na SANTA CASA (sem misericórdia), fortalece e comprova "(...) verdadeiros e terríveis acontecimentos ocorridos nos dias em que Paulo Pavesi ficou ao alvitre" dos denunciados e aditados (CELSO ROBERTO FRASSON SCAFI, CLÁUDIO ROGÉRIO CARNEIRO FERNANDES e SÉRGIO POLI GASPAR), como está à f. 4354.**

(...)

Os documentos já maquiados, encaminhados por SÉRGIO LOPES, sendo encaminhados por BENEDITO NICOTERO ao Procurador José Jairo, estão às fls. 425/452 e nos apensos 24 e 25 estão devidamente demostradas as suas inconsistências: é ridículo ver a descrição da cirurgia feita pelo aditado CLÁUDIO à f. 442v (local inadequado, verso da folha) e dá para ver claramente à f. 435 no local correto (descrição do ato cirúrgico) uma descrição feita pelo aditado CELSO SCAFI (onde se vê "paciente em DDH sem M.E) e depois da assinatura o que o réu constou DEPOIS, com outra caneta, a tentativa canhestra de consertar o que o seu inconsciente entregou: a vítima estava VIVA.

(...)

Das "conclusões", inclusive citadas pelas Defesas, de "que a causa da morte foi PROVAVELMENTE TRAUMATISMO CRÂNIO-ENCEFÁLICO CONTUNDENTE" (com este destaque mesmo), como se vê à f. 1036, não passa disso[84]. Ou seja, se trata de uma mera probabilidade. Além disso, se levou em conta a história, que relata queda de uma área de lazer do prédio residencial. **O TCE acabou levando a vítima às mãos de seus algozes e à morte dentro da SANTA CASA**. Tal volume que vai até a f.1280, praticamente se esgota com a exumação, especialmente com os anexos fotográficos,

---

84 Já se viu que a causa mesmo da morte é choque hipovolêmico, pela secção da artéria que irriga os rins, como está no livro "TRANSPLANTE" do médico KALUME, que denunciou o caso de TAUBATÉ.

com páginas e páginas. Muita gente ficou com medo da exumação, mas o avançado estado de decomposição dos restos, que praticamente só continha as partes duras, garantiu a aparente tranquilidade dos envolvidos no crime.

O laudo pericial às fls. 1766/1767 do vol.7 só poderia mesmo concluir que os SETE FILMES RADIOGRÁFICOS de um crânio humano são compatíveis com as fotografias da exumação do cadáver, porque se trata DAS SETE CHAPAS da ARTERIOGRAFIA FEITAS NO PEDRO SANCHES, aprendidas no processo da 2ª VARA CÍVEL (processo contido no APENSO 31), como já indiquei. As fotografias às fls. 1768/1774 inclusive denotam a presença do CONTRASTE (o paciente NÃO ESTAVA EM MORTE ENCEFÁLICA), o que prova que É MESMO O EXAME DE ARTERIOGRAFIA FEITO NO PEDRO SANCHES. Por tal razão as doutas Defesas silenciaram quanto ao laudo mencionado, só ficando em alegações vazias, sem ênfase ou invocando aspectos meramente formais. (...) As chapas do "RAIO-X" vistas pelo ilustre Procurador ADAILTON foram as chapas da arteriografia feita no PEDRO SANCHES (se é que viu) e estas, decididamente, INDICAVAM QUE A VÍTIMA, A CRIANÇA PVP, ESTAVA MAIS VIVA que muitos por aqui (...).

(...)

A transcrição da CONCLUSÃO do ilustre RMP à f. 4365 (p.57) se faz mais uma vez, necessária por absolutamente correta, convencendo este magistrado da culpabilidade dos réus, que não são inocentes, como está devidamente provado no processo:

Assim, conclui-se que os réus CELSO ROBERTO FRASSON SCAFI, CLÁUDIO ROGÉRIO CARNEIRO FERNANDES e SÉRGIO POLI GASPAR **cometeram o delito tipificado no art. 14, § 4º da Lei 9.437/97 <u>ao iniciarem os procedimentos cirúrgicos para a retirada de órgãos em criança viva</u>, baseando-se em diagnósticos não condizentes com a realidade, aderindo à conduta criminosa anteriormente perpetrada por Álvaro Ianhez, José Luiz Gomes da Silva, Marco Alexandre Pacheco da Fonseca e José Luiz Bonfitto.**

(...)

Provadas, portanto, as autorias por parte dos réus aditados, da mesma forma que a materialidade, sendo **todos responsáveis pela retirada de órgão da vítima, ainda viva, causando-lhe a morte, por via de consequência.**

(...)

DOSIMETRIA DAS PENAS

(...)

D) SÉRGIO POLI GASPAR

1. Quanto à culpabilidade, verifica-se que o grau de reprovabilidade do delito é elevado, extrapolando os limites da normalidade, haja vista que o réu, fazendo uso de sua profissão de médico anestesista, **ajudou a remover os órgãos (rins) e tecidos humanos (córneas) de uma criança, sem mostrar nenhuma preocupação com a infeliz vítima ou sua família, tendo plenas condições de entender o caráter ilícito de sua conduta; não procurou saber se o protocolo de morte encefálica foi corretamente produzido; (...); não examinou se havia ou não exame arteriográfico que comprovasse a morte, anestesiando-a e permitindo, assim, a ação dos outros réus** (...); vítima não contribuiu para a prática do delito, pois se um paciente em situações menos dramáticas já fica à mercê dos médicos, imagine uma **criança de 10 anos, sem nenhuma defesa, dopada por um coquetel de remédios e depressores que lhe deixaram em coma induzida premeditadamente para facilitar a consumação do crime sem levantar maiores suspeitas.** Vai ficar com as penas um pouco abaixo dos demais, pois teve um rasgo de humanidade ou lampejo de sua consciência e anestesiou a vítima para que sofresse um pouco menos.

(...)

E) CELSO ROBERTO FRASSON SCAFI

1. Quanto à culpabilidade, verifica-se que o grau de reprovabilidade do delito é muito elevado, entendia perfeitamente bem o caráter ilícito de suas condutas, extrapolando os limites da normalidade, haja vista que **o réu, fazendo uso de sua profissão de médico, removeu órgãos humanos em desacordo com**

disposição legal, levando-a à morte, sabendo que estava VIVA, **sem mostrar nenhuma preocupação com a infeliz vítima ou sua família**, acreditava que sairia impune sendo cunhado do Secretário de Saúde do Município e amigo de outros políticos; operou ainda a vítima JDC, matando-a, quando a SANTA CASA não mais tinha AUTORIZAÇÃO para fazer TRANSPLANTES, não mostrou qualquer arrependimento, ao contrário, sempre foi arrogante, acreditando na impunidade; tal juízo reprovativo não é apenas inerente ao próprio tipo penal, eis que **retirou os rins e possivelmente outros órgãos da vítima, uma criança, que estava viva e sob efeito de depressores do SNC**; o crime é vil, abjeto, repartindo uma pessoa para vender seus órgãos, como tinha conhecimento; seu subconsciente o traiu e escreveu que a vítima NÃO ESTAVA EM morte encefálica, pois não houve exame de ARTERIOGRAFIA na SANTA CASA;

(...)

F) CLÁUDIO ROGÉRIO CARNEIRO FERNANDES

1. Quanto à culpabilidade, verifica-se que o grau de reprovabilidade do delito é elevado, extrapolando os limites da normalidade, não sendo meramente inerentes ao tipo penal, sabia bem o que estava fazendo e o porquê, haja vista que **o réu, fazendo uso de sua profissão de médico cirurgião urologista, removeu órgãos humanos de uma vítima, sabedor que a mesma estava viva**; não examinou o protocolo de morte encefálica, sendo que não foi feito o exame complementar obrigatório, sem mostrar nenhuma preocupação com a infeliz vítima ou sua família; operou irregularmente vários doadores.

Pois bem, conforme se vê, o magistrado reconheceu que os médicos, ora apelantes, tinham plena consciência de que a criança estava viva e que, em coautoria com os corréus que foram pronunciados (autos atualmente com o número 3153005-91.2014.8.13.0024), anestesiaram-na e a submeteram à cirurgia para a retirada de órgãos e tecidos (entre eles, os dois rins), o que teria culminado na sua morte.

A sentença evidencia a mais não poder que o convencimento do honrado juiz foi de ter havido um delito doloso contra a vida da criança.

Por diversas vezes ele afirmou isso, e a firmou mais, disse que "**NO CASO EM ANÁLISE, TODOS OS RÉUS, ORIGINÁRIOS E OS ATUAIS, AGIRAM EM EVIDENTE CONLUIO, COM A ADESÃO DA VONTADE DE UNS COM AS DE OUTROS**".

E, indo mais além, o ilustre colega asseverou que, no caso, **NÃO SE TEM DUAS ACUSAÇÕES PARA UMA SÓ MORTE (HOMICÍDIO) E SIM A PARTICIPAÇÃO OU CO-AUTORIA (CONCURSO DE AGENTES)**", pois "**É POSSÍVEL QUE UM HOMICÍDIO QUALQUER SE INICIE EM UM LUGAR, COM DETERMINADOS AGENTES E TERMINE EM OUTRO, SE EXAURINDO COM A CONDUTA DE TERCEIROS**".

Então, data vênia, não consigo compreender como o sentenciante, tão perspicaz e conhecedor deste caso e dos outros tantos que compõem a trama investigada, não tenha captado o que me parece inarredável: a necessidade de se proceder à *emendatio libelli* para dar a devida adequação típica aos fatos apurados nestes autos.

Mas, provavelmente, o esgotamento desse operoso magistrado, que está à frente de tantos outros processos, igualmente complexos e volumosos, que envolvem a investigação da intitulada "Máfia dos Transplantes", ocasionou o lapso.

Também o fato de ele ter se convencido de forma inflexível da responsabilidade dos réus, uma vez que instruiu todo o processo e tomou contato íntimo com todas as provas, certamente o fez cometer o deslize, que agora percebi, e que eiva de nulidade a tão bem escrita sentença, que, data vênia, deveria ter retificado a capitulação legal dada aos fatos narrados e apurados, para, então, mediante o livre convencimento motivado, absolver, impronunciar ou pronunciar os réus, submetendo o julgamento deles, neste último caso, ao Tribunal do Júri.

Previsto no artigo 383 do Código de Processo Penal, o instituto da *emendatio libelli* permite que o juiz (ou o Tribunal), sem modificar a descrição do fato contida na peça acusatória, altere a classificação ali formulada.

182

Art. 383. O juiz, sem modificar a descrição do fato contida na denúncia ou queixa, poderá atribuir-lhe definição jurídica diversa, ainda que, em conseqüência, tenha de aplicar pena mais grave.

E, no presente caso, conforme já visto, a denúncia descreveu a conduta dos apelantes da seguinte forma: os acusados, *"sabedores que a vítima Paulo Veronesi Pavesi, então com 10 anos de idade, ainda encontrava-se com vida, removeram seus órgãos para posterior transplante, causando-lhe a morte"* (sic).

Ora, se a conclusão que consta na sentença é no sentido de que a remoção incluiu órgãos vitais e que, *"ao iniciarem os procedimentos cirúrgicos para a retirada de órgãos em criança viva, baseando-se em diagnósticos não condizentes com a realidade, aderindo à conduta criminosa anteriormente perpetrada por Álvaro Ianhez, José Luiz Gomes da Silva, Marco Alexandre Pacheco da Fonseca e José Luiz Bonfitto"*, os apelantes agiram *"causando-lhe a morte, por via de consequência"*, restará inarredável a necessidade de se aplicar o instituto da *emendatio libelli*, para tipificar o crime que se apura como delito doloso contra a vida, simples, privilegiado ou qualificado (circunstâncias que não posso aqui antecipar), conforme entender o juízo sumariante.

E este mesmo juízo, ao retificar a capitulação, deverá, então, emitir juízo sumário absolutório ou de prelibação para impronunciar ou pronunciar os réus, ainda que, em consequência da nova capitulação, tenha que imputar crime com pena mais grave. Nesse sentido:

PROCESSUAL PENAL. RECURSO ESPECIAL. ART. 121, § 2º, I E IV DO CP. EMENDATIO LIBELLI. NARRATIVA ABRANGENTE QUE PERMITE OUTRA ADEQUAÇÃO TÍPICA. PRONÚNCIA. FUNDAMENTAÇÃO. QUALIFICADORAS. I - Se da análise da exordial acusatória é possível concluir pela ocorrência de circunstância qualificadora, ainda que não tenha sido, até então,

183

expressamente consignada na denúncia, pode o magistrado, ao proferir a decisão de pronúncia, incluí-las, sem que isto signifique prejuízo à ampla defesa. II - Motivação objetiva, nos limites do iudicium accusationis, abordando-se os aspectos da existência do delito e de indícios de autoria, bem como quanto às qualificadoras, não pode ser considerada como insuficiente a ensejar nulidade da r. decisão de pronúncia. (Precedentes). Recurso especial desprovido. (REsp 784.673/AL, Rel. Ministro FELIX FISCHER, QUINTA TURMA, julgado em 17/08/2006, DJ 02/10/2006, p. 306)

E, definitivamente, não há de se falar em impossibilidade de se determinar a *emendatio libelli* nesta instância. Também nesse sentido:

PROCESSUAL PENAL. HABEAS CORPUS. ART. 121, § 2º, INCISO II, C/C ART. 14, INCISO II, DO CP. PRONÚNCIA. EMENDATIO LIBELLI (ART. 383, CPP).
PRISÃO CAUTELAR. EXCESSO DE PRAZO. FLAGRANTE ILEGALIDADE. FUNDAMENTAÇÃO. PREJUDICADO. I - A descrição contida na exordial acusatória permite a imputação do fato previsto no tipo legal do art. 121, § 2º, inciso II, c/c art. 14, inciso II, do CP, razão pela qual a decisão proferida pelo e. Tribunal a quo se enquadra na hipótese do art. 383, do CPP (emendatio libelli). Por isso, não há que se cogitar de nulidade do v. acórdão increpado, pois, como é cediço, o acusado se defende do fato criminoso que lhe é imputado, i.e., da descrição fática contida na denúncia, e não dos dispositivos legais com que ele é classificado na inaugural de acusação. II – (omissis). (HC 70.435/SP, Rel. Ministro FELIX FISCHER, QUINTA TURMA, julgado em 21/06/2007, DJ 10/09/2007, p. 262)

E relativamente à eventual alegação de que não se poderia retificar a capitulação pelo fato de a tese não ter sido levantada pelo Ministério Público, que não apelou, nem pela defesa, tenho que não há nenhum problema, desde que, num eventual julgamento pelo Tribunal Popular, seja mitigada a pena máxima que poderá ser imposta, porque só a defesa se insurgiu contra a sentença (vedação da *reformatio in pejus* indireta), respeitando-se, como limite máximo a ser cominado, o quantum lançado na sentença que anulo.

Assim, deverá o juízo a quo proferir outra decisão em conformidade com a competência constitucional, que restou ignorada. E quem prolatará a nova decisão será o mesmo juízo, já que a 1ª Vara Criminal da Comarca de Poços de Caldas também é o juízo sumariante nas causas em que se apuram delitos dolosos contra a vida. E a sentença que anulo não tem o condão de afastar a competência do magistrado, pois ela não é outra coisa que não uma sentença com excesso de linguagem, naquilo que diz respeito à análise dos elementos de cognição; noutra parte, no que diz respeito à condenação e à imposição de pena, é peça juridicamente inexistente, porquanto, nessa parte, foi prolatada por juízo absolutamente incompetente.

Em casos de excesso de linguagem, outra solução não tem sido dada pelos Tribunais Superiores, senão a devolução dos autos à instância e ao juízo de origem, para que outra decisão seja proferida, ou mesmo para que os réus sejam diretamente submetidos ao julgamento popular, com o só "envelopamento" da sentença que foi excessiva em linguagem. Estes são casos julgados pelo STJ, que tem mantido a decisão, determinando apenas que o magistrado a desentranhe dos autos, e, desde logo, submeta os pronunciados ao julgamento popular, com apenas a menção dos delitos nos quais sua conduta restou capitulada pela decisão nula. Confiram-se os arestos:

> HABEAS CORPUS SUBSTITUTIVO DE RECURSO PRÓPRIO. DESCABIMENTO. HOMICÍDIO QUALIFICADO. PRONÚNCIA. EXCESSO DE LINGUAGEM. DESENTRANHAMENTO DA DECISÃO. EXCESSO DE PRAZO NA FORMAÇÃO DA CULPA. JÚRI DESIGNADO. HABEAS CORPUS NÃO CONHECIDO. ORDEM CONCEDIDA DE OFÍCIO. (...) Ao determinar a submissão do réu a julgamento perante o Conselho de Sentença, o Magistrado não pode

185

externar posicionamentos incisivos e considerações pessoais em relação ao acusado, nem se manifestar de forma conclusiva sobre a acusação ou rechaçar tese da Defesa, a ponto de influenciar na valoração dos Jurados, sob pena de subtrair do Júri o julgamento do litígio. *In casu*, a magistrada que encerrou o iudicium acusationis foi categórica em afirmar a autoria do paciente, incorrendo em inequívoco excesso de linguagem capaz de influenciar os jurados que irão compor o Conselho de Sentença. (...) Habeas corpus não conhecido. **Ordem concedida de ofício para determinar ao Juízo da Comarca de Igarassu/PE que providencie o desentranhamento da decisão de pronúncia dos autos, vedando o acesso e a divulgação de seu conteúdo aos jurados, mandando certificar a condição de pronunciado do paciente, com a menção dos dispositivos legais nos quais está incurso.** (HC 309.816/PE, Rel. Ministro ERICSON MARANHO (DESEMBARGADOR CONVOCADO DO TJ/SP), SEXTA TURMA, julgado em 03/03/2015, DJe 11/03/2015) Grifei.

HABEAS CORPUS SUBSTITUTIVO DE RECURSO PRÓPRIO. NÃO CONHECIMENTO. TRIPLO HOMICÍDIO DUPLAMENTE QUALIFICADO. PRONÚNCIA. EXCESSO DE LINGUAGEM NO ACÓRDÃO QUE JULGOU O RECURSO EM SENTIDO ESTRITO. OCORRÊNCIA. USURPAÇÃO DE COMPETÊNCIA DO TRIBUNAL DO JÚRI. INADMISSIBILIDADE. PRINCÍPIO DA ECONOMIA PROCESSUAL. DESENTRANHAMENTO DO ACÓRDÃO. ARQUIVAMENTO EM PASTA PRÓPRIA. CERTIFICAÇÃO DO RESULTADO DO JULGAMENTO. AUSÊNCIA DE PREJUÍZO. INTELIGÊNCIA DO ART. 563 DO CÓDIGO DE PROCESSO PENAL. PROSSEGUIMENTO DO FEITO. PRECEDENTES. ORDEM CONCEDIDA EX OFFICIO. I – e II (omissis) III - Paciente pronunciado pela suposta prática do crime tipificado no art. 121, § 2º, I e IV, combinado com o art. 29, por 3 (três) vezes, na forma do art. 69, todos do Código Penal. IV - Alegação de nulidade do acórdão que negou provimento ao recurso em sentido estrito. V - Integrando o procedimento relativo aos processos da competência do Tribunal do

Júri, a pronúncia corresponde à decisão interlocutória mista, que julga admissível a acusação, remetendo o caso à apreciação do Conselho de Sentença. Referida decisão encerra, portanto, simples juízo de admissibilidade da acusação, não se exigindo a certeza da autoria do crime, mas apenas a existência de indícios suficientes da autoria e prova da materialidade, imperando, nessa fase final da formação da culpa, o brocardo in dubio pro societate. VI - O magistrado deve expor os motivos que o levaram a, por exemplo, manter eventuais circunstâncias qualificadoras descritas na denúncia, fazendo-o, contudo, de forma comedida, sob pena de caracterização de excesso de linguagem capaz de influir no posterior convencimento dos jurados. O mesmo raciocínio estende-se à 2ª instância. VII - In casu, o Tribunal a quo, ao julgar o recurso em sentido estrito interposto pela Defesa, durante a análise dos indícios de autoria, usurpou competência exclusiva do Tribunal do Júri, valendo-se de expressões peremptórias, reveladoras de convicção acerca da autoria do delito, que excedem os limites legais, incorrendo em evidente eloquência acusatória. VIII - O fato de o art. 478, I, do Código de Processo Penal vedar, sob pena de nulidade, que as partes façam referências à decisão de pronúncia ou às decisões posteriores que julgaram admissível a acusação como argumento de autoridade, seja para beneficiar, seja para prejudicar o réu, não afasta a possibilidade de os jurados serem influenciados pelo excesso de linguagem contido no ato impugnado, ante as disposições dos arts. 472, parágrafo único, e 480, § 3º, do Diploma Processual Penal. IX - Desse modo, "Reconhecido o excesso de linguagem no acórdão que confirmou a sentença de pronúncia, é vedado entregar aos jurados, após prestarem juramento, cópia da referida peça processual, sob pena nulidade do julgamento pelo Conselho de Sentença" (HC 193.734/SP, 5ª T., Rel. Min. Marco Aurélio Bellizze, DJe de 21.06.2013). Adotada tal providência, em consonância com os preceitos do art. 563 do Código de Processo Penal, não existirá prejuízo efetivo capaz de justificar o reconhecimento da nulidade pretendida. X - Assim, não obstante o reconhecimento do excesso, em homenagem ao princípio da economia processual e tendo em vista que os jurados formam o seu livre convencimento com base na prova contida nos autos, impõe-se determinar que o Juízo de primeiro grau providencie o desentranhamento do acórdão que julgou o recurso em sentido estrito, arquivando-o em pasta própria, determinando seja certificado nos autos a conclusão do julgamento. XI - Habeas corpus não conhecido. **Ordem concedida, de ofício, para determinar que o Juízo de 1º grau providencie o desentranhamento do acórdão que julgou o recurso em sentido estrito, arquivando-o em pasta própria, mandando certificar nos autos a condição de pronunciado do Paciente, com a menção dos dispositivos legais nos quais incurso, prosseguindo-se no andamento do processo.** (HC 184.522/PR, Rel. Ministra REGINA HELENA COSTA, QUINTA TURMA, julgado em 22/04/2014, DJe 25/04/2014) Grifei.

Neste caso, contudo, eu não teria como assim proceder, uma vez que o magistrado a quo não procedeu à retificação da capitulação, mesmo tendo reconhecido de forma clara e evidente que se convenceu da materialidade e da autoria (deveria ter se limitado a reconhecer indícios da autoria) de crime doloso contra a vida. Assim, se eu adotasse esse entendimento do STJ, seria inviável a determinação de submissão imediata dos apelantes ao Tribunal do Júri, uma vez que eles, se porventura forem pronunciados, terão direito a recurso próprio.

Digo "se eu adotasse o entendimento", porque a mim me parece mais precisa a posição do Pretório Excelso, que tem anulado essas decisões do STJ, mas, no mesmo sentido delas, tem mantido a competência do juízo que proferiu a sentença excessiva em linguagem. Nesse sentido:

PROCESSO PENAL. HABEAS CORPUS SUBSTITUTIVO DE RECURSO ORDINÁRIO. DESCABIMENTO. ANÁLISE DAS RAZÕES DA IMPETRAÇÃO PARA VERIFICAR A POSSIBILIDADE DE CONCEDER A ORDEM DE OFÍCIO. TRIPLO HOMICÍDIO DUPLAMENTE QUALIFICADO – ART. 121, § 2º, I E IV. ACÓRDÃO

DO TRIBUNAL A QUO QUE RECONHECEU O VÍCIO DE EXCESSO DE LINGUAGEM NO ACÓRDÃO DO RECURSO EM SENTIDO. DESENTRANHAMENTO E ENVELOPAMENTO DO ATO VICIADO. IMPOSSIBILIDADE. ANULAÇÃO, COMO CONSECTÁRIO LÓGICO. 1. O excesso de linguagem posto reconhecido acarreta a anulação da decisão de pronúncia ou do acórdão que incorreu no mencionado vício; e não o simples desentranhamento e envelopamento da respectiva peça processual, sobretudo em razão de o parágrafo único do artigo 472 do CPP franquear o acesso dos jurados a elas, na linha do entendimento firmado pela Primeira Turma desta Corte no julgamento de questão semelhante aventada no HC n. 103.037, Rel. Min. Cármen Lúcia, restando decidido que o acórdão do Superior Tribunal de Justiça "... representa não só um constrangimento ilegal imposto ao Paciente, mas também uma dupla afronta à soberania dos veredictos do júri, tanto por ofensa ao Código Penal, conforme se extrai do art. 472, alterado pela Lei n. 11.689/2008, quanto por contrariedade ao art. 5º, inciso XXXVIII, alínea 'c', da Constituição da República". 2. In casu, o Superior Tribunal de Justiça reconheceu no acórdão proferido nos autos do recurso em sentido estrito qual o excesso de linguagem apto a influenciar o ânimo dos jurados; todavia, em vez de anular o ato judicial viciado, apenas determinou o seu desentranhamento, envelopamento e a certificação de que o paciente estava pronunciado. 3. Habeas corpus extinto, por ser substitutivo de recurso ordinário; **ordem concedida, de ofício, para anular o acórdão proferido nos autos do recurso em sentido estrito, a fim de que outro seja prolatado sem o vício do excesso de linguagem**. (HC 123311, Relator(a): Min. LUIZ FUX, Primeira Turma, julgado em 24/03/2015, PROCESSO ELETRÔNICO DJe-069 DIVULG 13-04-2015 PUBLIC 14-04-2015)

EMENTA: HABEAS CORPUS. PRONÚNCIA. EXCESSO DE LINGUAGEM. OCORRÊNCIA. PROSSEGUIMENTO DO PROCESSO ANTES DA DEVOLUÇÃO DE CARTAS PRECATÓRIAS, MAS DEPOIS DE ESCOADO O PRAZO FIXADO PARA O SEU CUMPRIMENTO. POSSIBILIDADE. ORDEM PARCIALMENTE

CONCEDIDA. É possível o afastamento da Súmula 691 desta Corte, se verificada a ocorrência de flagrante ilegalidade que possa repercutir na liberdade de locomoção do paciente. Tanto a antiga redação do art. 408, quanto o atual art. 413 (na redação dada pela Lei 11.689/2008), ambos do CPP, indicam que o juiz, ao tratar da autoria na pronúncia, deve limitar-se a expor que há indícios suficientes de que o réu é o autor ou partícipe do crime. Todavia, o texto da pronúncia afirma que o paciente foi o autor do crime que lhe foi imputado, o que, à evidência, pode influenciar os jurados contra o acusado. Em casos como esse, impõe-se anulação da sentença de pronúncia, por excesso de linguagem (HC 93.299, rel. min. Ricardo Lewandowski, DJe de 24.10.2008). Por outro lado, ficou esclarecido que o prosseguimento da instrução ocorreu após o término do prazo conferido para o cumprimento das cartas precatórias expedidas para a oitiva de testemunhas arroladas pela defesa, o que está de acordo com o disposto no art. 222, §§ 1º e 2ª, do Código de Processo Penal. Habeas corpus parcialmente concedido, para anular a sentença de pronúncia. (HC 99834, Relator(a): Min. JOAQUIM BARBOSA, Segunda Turma, julgado em 15/02/2011, DJe-049 DIVULG 15-03-2011 PUBLIC 16-03-2011 EMENT VOL-02482-01 PP-00024)

Portanto, o caso é de retorno dos autos à instância e ao juízo de origem, para que outra decisão seja proferida, seja para absolver sumariamente os denunciados, impronunciá-los ou pronunciá-los.

E, atento à possibilidade de pronúncia, penso ser prudente determinar a medida de cautela que o STJ tem adotado, para que se evite que os jurados sejam influenciados pela sentença, posto que eles devem tomar decisões com base na prova dos autos e nas suas íntimas convicções. Assim, deverá a sentença nula ser envelopada e anexada na capa do volume de que for desentranhada.

Posto isso, DE OFÍCIO, ANULO A SENTENÇA e determino que os autos retornem ao juízo a quo para que se proceda à *emendatio libelli*, capitulando-se o delito como crime doloso contra a vida, na conformidade dos termos narrados pela exordial acusatória, observadas as circunstâncias, as consequências, os motivos e tudo o mais que o Ministério Público tiver aduzido e que possa influir na capitulação, para, então, absolver sumariamente, impronunciar ou pronunciar os acusados.

Determino ainda que, com o retorno dos autos à instância a quo, seja desentranhada a sentença e, também, riscados deste acórdão todos os trechos que fazem referência a ela.

Determino ainda que, na publicação deste acórdão, sejam suprimidos os trechos da sentença anulada.

Por fim, esclareço que deixo de me pronunciar sobre eventual DESAFORAMENTO do feito desde logo (porque podia fazê-lo de ofício) em razão de o desaforamento do julgamento dos corréus (José Luiz Gomes da Silva, Álvaro Ianhez e Marco Alexandre Pacheco) ter sido motivado exclusivamente diante de possível suspeição dos jurados, nunca do magistrado. Aliás, esta 1ª CACRI já rejeitou exceção de suspeição oposta contra o juiz.

Assim, se acontecer de o colega pronunciar os réus, e se houver recurso, analisarei, a tempo e modo, eventual possibilidade de desaforamento.

DES. WANDERLEY PAIVA (REVISOR) -

Nos termos do contido no §2º do art.547 do RITJMG, conforme já me pronunciei em outros feitos relativos ao mesmo caso, envolvendo as mesmas partes, dou-me por impedido de atuar no presente.

DESA. KÁRIN EMMERICH (REVISORA) - De acordo com o(a) Relator(a).

DES. EDISON FEITAL LEITE

Rogando vênia aos argumentos trazidos pelo nobre colega, ouso divergir dos termos do voto condutor, entendendo não ser o caso de se declarar, de ofício, a nulidade da sentença, e assim o faço pelos seguintes motivos:

Saliento que, como se verá adiante, o rebate à preliminar suscitada, inevitavelmente, em alguns pontos se confunde com a análise do mérito recursal, o que fica aqui ressalvado.

Com efeito, entende o nobre colega Relator que a melhor alternativa para o caso *sub judice* é a recapitulação da conduta narrada no § 4º do art. 14 da Lei de Transplantes, com a consequente remessa do julgamento para o Júri.

Destaca o judicioso voto que, no caso dos autos, desde a denúncia, os apelantes responderam e foram condenados porque, sabendo que a vítima Paulo Veronesi Pavesi ainda se encontrava com vida, removeram seus órgãos para posterior transplante, causando-lhe a morte.

Ressalta que, se era sabido que a vítima estava viva, "(...) eles agiram com dolo direto para este resultado morte, com evidente e inafastável *animus necandi"*, sendo o caso dos autos de crime doloso contra a vida, cuja competência constitucional para o julgamento é do júri popular.

Pois bem. Passo à análise da provas dos autos.

Ao longo dos anos, viu-se como de fundamental tema, principalmente à luz dos Direitos Humanos, a necessidade de criação de leis para fomentar a doação de órgãos, sobretudo diante dos avanços da biotecnologia e de seus grandes benefícios, mas também efeitos negativos, como um mercado negro altamente lucrativo.

O primeiro diploma legal a tratar do tema, a Lei nº 4.280/63, permitia em seu texto tão somente a doação de córneas do falecido, isso através de manifestação positiva e por escrito do titular, em vida, ou do consentimento do cônjuge ou parente até o segundo grau, ou ainda do consentimento das corporações religiosas ou civis das quais o *de cujus* fazia parte e que seriam responsáveis pelo destino dos despojos.

Revogando a Lei nº 4.280/63, adveio a Lei nº 5.749/68, permitindo, além da doação *post mortem,* a possibilidade de o indivíduo, absolutamente capaz, dispor de tecidos e órgãos, inclusive do corpo vivo.

Atento à ineficácia daqueles diplomas legais para o aumento na oferta de doação de órgãos, o legislador constituinte disciplinou no art.199, §4º, da CR/88, que a lei iria dispor sobre as condições e os requisitos que facilitassem a remoção de órgãos, tecidos ou substâncias humanas para fins de transplante, pesquisa e tratamento, bem como a coleta, o processamento e a transfusão de sangue e seus derivados, proibindo qualquer tipo de comercialização.

Logo após, em 1992 e 1993, vieram respectivamente a Lei n. 8.489 e o Decreto n.879, regulamentando o texto constitucional e determinando que se a pessoa não se manifestasse em vida pela doação, poderia a família autorizá-la de forma verbal, não sendo ainda a malsinada norma suficiente para estimular o recrudescimento no número de doações.

Editada a Lei nº 9.434/97, regulamentada pelo Decreto 2.268/97, atualmente em vigor, passou-se a permitir a doação em vida e *post mortem.*

Na doação *post mortem,* a lei trouxe como condição *sine qua non* para a retirada dos tecidos, órgãos e partes do corpo do falecido, o diagnóstico de morte encefálica, constatada e registrada por dois médicos não participantes das equipes de remoção e transplante, mediante utilização de critérios clínicos e tecnológicos definidos pela Resolução n. 1.480/97, do Conselho Federal de Medicina.

A par disso, tem-se que a mesma Lei nº 9.434/97 trata do transplante de órgãos e tecidos, autorizados na forma do artigo 3º, com o diagnóstico da só morte encefálica, independentemente da continuidade da atividade respiratória e circulatória.

Portanto, ao se declarar a morte encefálica, permite-se a retirada de órgãos e tecidos, a lei de transplantes não fala na morte clássica, mas do término da vida humana biológica.

Logo, esta lei não alterou o conceito de morte do Direito Penal, que se refere à morte jurídica e ao consequente fim da personalidade. Com essa lei é possível declarar o término da vida humana biológica, e não a morte jurídica, a qual só ocorre com a cessação concomitante e irreversível da atividade encefálica, respiratória e circulatória.

Segundo o Conselho Federal de Medicina em sua Resolução nº 1.480, editada em 8 de agosto de 1997, a morte encefálica é definida como sendo "*a parada total e irreversível das funções encefálicas*".

A Lei de Transplante regulamentada pelo Decreto nº 2.268/97, por sua vez, adotou tal conceito como sendo a condição essencial para a retirada de órgãos e tecidos do cadáver para fins de transplante.

Assim está redigido o artigo 16 do aludido decreto: "*a retirada de tecidos, órgãos e partes do corpo poderá ser efetuada no corpo das pessoas com morte encefálica*".

Deste modo, como nos ensina Ana Claudia Pirajá Bandeira:

> É importante verificar que a Lei fala em morte encefálica, e não em morte cerebral. Embora muitos autores não façam distinção dos significados dessas palavras, confundindo uma com a outra, há de esclarecer-se que cérebro (córtex) é o centro cortical e subcortical que condiciona a vida intelectiva e é a sede da vida sedentiva. Com a morte do cérebro, continuam as funções vegetativas, em especial, a função cardiorespiratoria. Assim, o individuo sobrevive em condições vegetativas. Quando morre o encéfalo, cessam todas as atividades do cérebro e do sistema nervoso central, atingindo a estrutura encefálica. Assim, o ser humano deixa de existir. (BANDEIRA,

Ana Cláudia Pirajá. Consentimento no Transplante de Órgãos: à luz da Lei n.9434/97 com alterações posteriores. Curitiba: Juruá, 2001, p. 97).

Diante disto, analisando os autos e levando-se em consideração as circunstâncias de direito que margeiam a *quaestio vexata*, entendo que não pode e não deve esta instância julgadora agasalhar a nulidade suscitada no voto inaugural.

É que, pelo que consta dos autos, o esquema criminoso envolvendo profissionais da medicina só foi descoberto - e depois confirmado pelas auditorias do Ministério da Saúde e investigações policiais subsequentes, bem como pela CPI do tráfico de órgãos, que tramitou no Congresso Nacional - pelo pai da vítima, ao receber a conta do Hospital Pedro Sanches, ocasião em que verificou a cobrança dos procedimentos relativos ao transplante e que deveriam ficar a cargo do Sistema Único de Saúde.

Cabe aqui destacar que a Lei nº 9.434/97, que dispõe sobre Transplante de Órgãos, e o Decreto nº 2.268/97 que a regulamenta, estabelecem que a retirada de órgãos somente poderá ser efetuada com a morte encefálica e confirmada por dois médicos, devendo ao menos um deles ser neurologista, segundo os critérios clínicos e tecnológicos definidos pelo Conselho Federal de Medicina.

Além disso, nenhum desses médicos que atestaram a morte poderá integrar a equipe que realizará o transplante, justamente a fim de evitar que estes profissionais acelerem o diagnóstico pensando no sucesso da implantação de órgãos do futuro cadáver em um receptor vivo.

O procedimento preconiza ainda que, diagnosticada a morte encefálica, o médico responsável deverá comunicar à família, que poderá solicitar a presença de um médico de sua confiança. Por sua vez, o hospital deve comunicar à Central de Notificação, Captação e Distribuição de Órgãos de sua respectiva unidade de Federação (artigo 18 do Decreto nº 2.268/97).

Segundo o Conselho Federal de Medicina, nos pacientes com suspeita de morte encefálica, devem ser realizados os exames clínicos para a efetiva comprovação da morte, inclusive eletroencefalograma e arteriografia cerebral. Após seis horas, esses exames devem ser repetidos e, aí sim, o diagnóstico será confirmado e lícito será o transplante. Tal orientação é adotada mundialmente, sendo, portanto, indiscutível sua necessidade.

Infelizmente, o que se descobriu foi que houve irregularidade no exame clínico que teria detectado a morte encefálica ainda no Hospital Pedro Sanches (para onde a vítima foi imediatamente levada após sofrer a queda), eis que não foram feitos os dois exames clínicos para o diagnóstico de morte cerebral com o intervalo previsto no Protocolo do Conselho Federal de Medicina (Resolução nº 1.480/97).

E não é só isso. Conforme se depreende da análise dos autos, o protocolo para a realização da retirada de órgãos deveria ter sido interrompido, eis que a vítima recebeu altas doses de medicação depressora do sistema nervoso central – Dormonid – e a arteriografia realizada no Hospital Pedro Sanches indicou a presença de contraste no cérebro, demonstrando que não havia ocorrido a morte encefálica e, portanto, a vítima estava viva.

Após tais fatos, tem-se que o réu Álvaro Ianhez, que não era neurologista, tampouco servidor público, mas sim nefrologista e intensivista, e integrante da equipe de transplante, descumprindo a legislação pertinente, em especial a Lei nº9437/97, o Decreto nº 2268/97 e a Resolução nº1480/97, determinou, à revelia de qualquer norma legalmente prevista, a remoção da vítima para a Santa Casa de Misericórdia. Curiosamente, nesse nosocômio, tudo estava preparado para a cirurgia de transplante: Sérgio Poli e os dois transplantistas, Celso Scafi e Cláudio Rogério, bem como os demais membros da equipe e terceiros, que sequer faziam parte desta, estavam a postos, sendo que os receptores dos órgãos também já aguardavam em outras salas de cirurgia no mesmo hospital.

É preciso observar ainda o registro de que a primeira arteriografia – da qual os auditores não encontraram no prontuário médico as chapas ou o laudo - teria sido realizada no Hospital Pedro Sanches no dia 20/04/2000 às 20 horas, entretanto, o pai da vítima foi informado antes de sua morte cerebral, às 9 horas da manhã do mesmo dia 20/04/2000. A prova dos autos indica que houve a simulação de um segundo exame de arteriografia, denominada "padrão ouro" (quatro vasos), que nem mesmo corresponde àqueles preconizados pelo Conselho Federal de Medicina. Mais tarde, tentou-se dizer que as chapas da arteriografia do Hospital Pedro Sanches eram aquelas relativas ao exame supostamente feito na Santa Casa, o de quatro vasos. Não se pode olvidar que o médico Jeferson Skulki, que teria sido o responsável pelo exame que nunca foi apresentado, caiu em contradição por várias vezes quando ouvido pela CPI. Enfim, as chapas do segundo exame de arteriografia, que teria sido feito na Santa Casa para constatação da morte cerebral da vítima, nunca foram apresentadas, e sequer os laudos respectivos estavam no prontuário médico. Portanto, não existe nos autos prova científica que comprove a morte encefálica exigida legalmente para possibilitar o transplante.

Ao final, tem-se que a ficha de atendimento da vítima indica que ela foi admitida na Santa Casa às 18h13 min do dia 21/04/2000, a ficha de anestesia diz que esta se iniciou às 17h30min e a cirurgia encerrou-se às 17h40 min. A declaração de óbito (fls.193), assinada por médico que, à época, não pertencia aos quadros da Santa Casa, declinou que o óbito ocorreu às 19 horas do dia 21/04/2000. Conclusão irrefragável: não se tratou de mero erro formal no preenchimento dos dados na documentação do hospital - são fatos e não suposições - a prova dos autos indica que a vítima estava viva, conforme se comprova por ocasião de sua admissão no Hospital Pedro Sanches antes de sua remoção para a Santa Casa, para onde foi levada para cirurgia ainda viva e morreu após a retirada dos órgãos vitais (dois rins).

Deve ser observado ainda que o documento de autorização para doação (fls.198/199) foi assinado apenas pelo pai da vítima, contrariando frontalmente o disposto na Lei nº 9.434/97, e mais, teve a data rasurada (uma vez que registrada depois da retirada ilegal dos órgãos). Enfim, conclui-se que os pais da vítima não receberam diagnóstico de morte encefálica no Hospital Pedro Sanches. Pelas provas carreadas para os autos, conclui-se que os réus elaboraram falso diagnóstico clínico para comprovar a falsa morte encefálica e não seguiram os protocolos determinados pela lei de transplantes, eis que, uma angiografia ruinosa, feita prematuramente, não constatou a morte encefálica, já que houve contraste indicando atividade cerebral. Com a admissão da vítima na Santa Casa de Misericórdia, determinada por um dos integrantes da equipe de transplante, Álvaro Ianhez, é que começou a ser executada a segunda parte do plano, ou seja, levar o potencial doador até a Santa Casa, onde seria monitorado, mantido vivo e, posteriormente, morto na sala de cirurgia em consequência da retirada de órgãos essenciais.

Tudo o que os réus queriam provar é que a vítima já estava morta no momento em que os órgãos foram retirados, mas a prova dos autos indica que a vítima foi viva para a mesa de cirurgia e morreu em razão da retirada dos órgãos essenciais.

Do que consta nos autos não há prova de que os medicamentos ministrados à vítima causaram a sua morte. Há sim, indícios de que tais medicamentos possibilitavam a manutenção da vida da criança para conservação dos órgãos em funcionamento para posterior retirada e "doação". A criança foi dopada com altas doses de Dormonid e outros medicamentos igualmente eficazes para depois ser submetida à retirada de seus órgãos, procedimento que, obviamente, ceifou sua vida covardemente.

Diante do que foi narrado, segundo as provas dos autos, a vítima, ao dar entrada após acidente no Hospital Pedro Sanches, estava viva e foi de lá transferida por um dos integrantes da equipe de transplante, Álvaro Ianhez, para a Santa Casa, onde, dando seguimento ao plano dos réus, foi forjada sua morte encefálica para retirada dos órgãos que foram posteriormente transplantados, não obedecendo o regramento legal. Entendo que sem os atos anteriores não se chegaria ao resultado final de morte trágica e intencional da vítima. Tem-se que no caso dos autos houve dolo na conduta de levar a criança viva até a sala de cirurgia e dolo também no ato de retirada de seus órgãos para posterior transplante em outros pacientes.

Pela importância, frise-se que a condição essencial para a remoção de órgãos, tecidos ou partes do corpo humano, é a constatação da morte encefálica, conforme reiteradamente citado neste voto, sob os critérios exigidos pelo Conselho Federal de Medicina, que não foram observados.

Confira-se o que dispõe o artigo 7º, parágrafo único, da Lei nº 9434/97:

> Art. 7º: No caso de morte sem assistência médica, de óbito ou em decorrência de coisa mal definida ou de outras situações nas quais houver indicação de verificação da causa médica da morte, a remoção de tecidos, órgãos ou partes de cadáver para fins de transplante ou terapêutica somente poderá ser realizada após a autorização do patologista do serviço de verificação de óbito responsável pela investigação e citada em relatório de necropsia.

Portanto, tendo sido retirados os órgãos da vítima que ainda estava viva, pois não se comprovou a morte encefálica nos termos exigidos, os réus agiram em desconformidade com tal preceito e cometeram o delito tipificado no artigo 14 da Lei nº 9434/97.

Segundo as provas, a vítima foi removida do Hospital Pedro Sanches para a Santa Casa por um dos integrantes da equipe de transplante e lá mantida viva para preservação dos órgãos. Comprovado também está nos autos que a morte da vítima, como dito, se deu em razão da retirada de órgãos essenciais.

O exame clínico de constatação da morte encefálica foi mascarado pela massiva administração de medicamentos, em especial, depressores do sistema nervoso central, sendo necessário, àquela ocasião, quando a vítima ainda não havia sido removida para a Santa Casa, que o protocolo fosse suspenso, pois a arteriografia revelou circulação sanguínea no cérebro.

Em outras palavras: a criança saiu viva do Hospital Pedro Sanches, foi transferida para a Santa Casa viva por determinação de um dos réus, e, até o transplante, permaneceu viva, vindo a falecer após a retirada de seus órgãos essenciais (dois rins), que foram posteriormente transplantados em outros pacientes.

É certo, portanto, repito, mais uma vez, que a vítima foi mantida viva pelos réus com o único objetivo de manter vivos os órgãos essenciais para posterior retirada. Os documentos, em especial o exame realizado no Hospital Pedro Sanches, comprovam que a vítima ainda estava viva quando foi levada para a mesa de cirurgia e com a retirada de órgãos vitais, veio a falecer.

Examinando os autos, não encontro elementos para amparar a pretensão de anulação *ex officio* da sentença, com determinação ao juízo *a quo* para que se proceda à nova capitulação do crime como doloso contra a vida.

Inspirado pelo ilustre e saudoso colega, Desembargador Walter Luiz, a quem tenho a honra de suceder, não podemos nos afastar da realidade que nos cerca:

> "(...) Pela importância, registro que ninguém melhor que o juízo da causa, que tem contato direto com a realidade da comarca onde tramitou o feito, o réu, vítima e testemunhas, para perceber, nas entrelinhas do processo, a realidade dos fatos que estão sob seu exame. De modo que, para o caso dos autos, perfeitamente cabível a condenação do acusado nos moldes da sentença ora combatida.
> (...)
> É a realidade que determina ao Poder Judiciário não esquecer que presta serviço à sociedade. Sua atuação deve ser pautada no que melhor atende ao meio social em que convive e jurisdiciona. Os fundamentos adotados pelo julgador devem ser prestigiados, porquanto, exercendo suas funções no distrito da culpa, tem percepção privilegiada acerca da repercussão do

delito no seio da comunidade (...)." - Apelação Criminal 1.0261.14.004972-5/001 - Relator Des. Walter Luiz - Órgão Julgador: 1ª CÂMARA CRIMINAL. Data de Julgamento: 17/11/2015 - Data da publicação da súmula: 27/11/2015.

Isto tudo digo para destacar que, ao meu entendimento, não se trata de hipótese de *emendatio libelli* para dar a devida adequação típica aos fatos apurados nestes autos. O caso em testilha se amolda ao tipo penal previsto no art.14, §4º, da Lei nº 9.434/97 na primeira hipótese: remover tecidos, órgãos ou partes do corpo de pessoa, sem diagnóstico de morte encefálica a ser constatada e registrada nos moldes de Resolução nº 1.480/97 do Conselho Federal de Medicina.

Fiel a estas considerações e tudo o mais que dos autos consta, divergindo do ilustre colega Relator, voto pela rejeição da preliminar suscitada de ofício.

SÚMULA: "DE OFÍCIO, ANULARAM A SENTENÇA, COM DETERMINAÇÃO AO JUÍZO A QUO PARA QUE PROCEDA À EMENDATIO LIBELLI, CAPITULANDO-SE O DELITO COMO CRIME DOLOSO CONTRA A VIDA, NA CONFORMIDADE DOS TERMOS NARRADOS PELA EXORDIAL ACUSATÓRIA, OBSERVADAS AS CIRCUNSTÂNCIAS, AS CONSEQUÊNCIA, OS MOTIVOS E TUDO O MAIS QUE O MINISTÉRIO PÚBLICO TIVER ADUZIDO E QUE POSSA INFLUIR NA CAPITULAÇÃO, PARA, ENTÃO, ABSOLVER SUMARIAMENTE, IMPRONUNCIAR OU PRONUNCIAR OS ACUSADOS, VENCIDO O VOGAL."